구도자에게 전하는 글

ADVICE FOR SEEKERS

by Charles Haddon Spurgeon

잉글랜드 P&R 시리즈는 개신교를 탄생시킨 존 칼빈(John Calvin)의 사상을 그대로 이어받아 신앙의 삶으로 구현한 청교도들, 그중에서도 가장 왕성하고도 풍부한 저술 활동으로 헤아릴 수도 없는 명저들이 가득한 잉글랜드 청교도와 그 신앙을 계승한 영적 위인들의 저서를 소개한다. 존 후퍼(John Hooper), 윌리엄 퍼킨스(William Perkins), 리차드 십스 (Richard Sibbes), 토마스 굿윈(Thomas Goodwin), 리차드 백스터(Richard Baxter), 존 오웬(John Owen), 존 번연(John Bunyan), 매튜 헨리(Matthew Henry), 조지 휫필드 (George Whitefield), 존 라일(John Ryle), 찰스 스펄전(Charles Spurgeon), 마틴 로이드 존스(Martyn Lloyd-Jones) 등 일일이 열거하기 힘들 만큼 많은 영적 위인들이 잉글랜드 개혁신앙의 맥을 이어 왔다.

구도자에게 전하는 글

찰스 스펄전 지음 | 김상래 옮김

지평서원

차례

추천의 글 _ 손성은 목사 · · · 6

1장 자신의 힘으로 구원받기를 포기하라 · · · 11

2장 예수님을 찾으라 · · · 19

3장 그리스도를 만지라 · · · 29

4장 왜 여전히 빛없이 사는가 · · · 43

5장 우리가 빛을 바라나 · · · 55

6장 하나님의 초청 · · · 65

7장 믿음으로 나아가 고침 받으라 · · · 81

8장 빛으로 나아오는 것을 막는 장애물 · · · 97

9장 대속자로 말미암는 위로 · · · 107

10장 하나님의 초청을 거절하지 말라 · · · 121

11장 믿음으로 말미암아 살리라 · · · 137

12장 오직 믿음으로 말미암는 구원 · · · 149

13장 나도 믿을 수 있는가 · · · 163

14장 의심하지 말고 온전히 믿으라 · · · 183

Advice For Seekers

| 추천의 글 |

당신은 이미 그리스도인인가, 아직 구도자인가?

손성은 목사(삼일교회, 부산)

김상래 목사가 이 책을 번역하고 있다는 소식을 들었을 때 얼마나 기뻤는지 모릅니다. 영국 런던에서 나누었던 역자와의 교제를 기억하기 때문만이 아니라 이 책에 특별한 기대를 품고 있기 때문입니다.

어릴 적부터 이미 중생하였고 구원받았다고 생각하였으면서도 마음속 깊은 한 구석이 텅 빈 듯한 것을 느꼈습니다. 그리고 텅 빈 그 무엇인가를 추적해 가던 중, 영국에까지 도망(?)와 살펴본 책들에서 참으로 이해하기 어려운 용어 가운데 하나를 만났습니다. 그것이 바로 '구도(seeking)' 혹은 '구도자(seeker)'라는 용어입니다. 분명히 미국에서 유행하는 '구도자 우호적인 교회(seeker-friendly church)'에서의 구도자라는 용어와 우리나라와 같은 동양 사회에서 사용되는 구도자라는 용어에 대한 개념이 매우 다르다고 느껴졌기 때문입니다.

미국의 교회에서는 '구도' 혹은 '구도자'라는 말이 교회 밖의 사람들 중에서 '교회 생활'에 대해 관심을 가지는 사람들에게 사용됩니다. 한편 동양 사회에서는 흔히 기독교 이외의 다른 종교에서 진지하게 진리를 발견하려고 애쓰고 힘쓰는 사람들을 가리켜 구도자라고 부릅니다. 그래서 동양 사회에서는 일반적으로 '구도' 혹은 '구도자'라고 하면, 교회 바깥에 있는 사람들만을 가리키는 것처럼 여겨지기 쉽습니다.

그러나 스펄전은 이 책에서 교회 밖에 있는 사람은 물론, 복음을 접한 지 오래되지 않았거나 오랫동안 교회에 출석하고 있는 사람들을 향해서도 서슴없이 '구도자'라고 부릅니다. 이 책의 9장에서 스펄전은, "나는 소위 '그리스도인' 중 많은 사람들이 사실은 전혀 기독교인이 아니라고 주저없이 말한다"라고 밝힙니다. 교회에 출석하는 많은 사람들까지도 구도자로 보는 것입니다. 즉, 그는 그리스도를 찾고 있지만 아직 찾지 못하여 안타까워하는 사람들을 구도자라고 말합니다. 그리스도와 복음에 대해 여러 번 들었지만, 아직 성경이 계시하고 있는 진리를 제대로 알지 못하여 만족을 얻지 못하는 사람들이 구도자입니다. 스펄전에게 그런 사람들은 '그리스도인'이 아니라 아직 '구도자'인 것입니다.

이 점을 제대로 분별하십시오. 그렇게 할 때 많은 사람들이 자신의 위치를 제대로 알게 되고, 진정한 복음을 찾기 위해 참된 구도자로서 노력하고, 그 방도를 발견하게 될 것입니다. 이런 분별과 조언이 이 책에 잘 나타나 있습니다. 성경의 바른 진리를 찾고자 하는 이런 구도의 개념과 구도에 대한 노력이 한국 교회에서 강하게 일어나기를 소망합니다.

...
Do Not Try to Save Yourself

Chapter 1

자신의 힘으로 구원받기를 포기하라

곰곰이 생각해 보면, 하나님께서 생각하시는 천국의 가치가 당신이 생각하는 바와는 매우 다르다는 것을 알 수 있다. 하나님은 구원을 오직 독생자의 죽음을 통해서만 사람들에게 줄 수 있을 정도로 소중하게 여기신다. 이처럼 하나님의 아들이신 예수 그리스도의 보혈로 값 주고 사신 천국을 어떻게 당신의 선한 행위로 얻을 수 있으리라고 생각한다는 말인가? 죽기까지 하나님께 복종하신 하나님의 아들의 삶과 당신의 비참한 인생을 어찌 감히 비교할 수 있다는 말인가?(빌 2:8 참고) 그렇게 하는 것이 하나님을 모욕하는 일이라고 생각하지 않는가? 만약 행위를 통해 천국에 갈 수 있다면, 왜 하나님께서 자신의 아들을 모든 고통과 슬픔 속에 두셨겠는가? 우리를 구원할 수 있는 다른 더 쉬운 길이 있다면, 겟세마네 동산에서의 기도가 무슨 의미가 있으며, 골고다 언덕에서의 비극이 왜 일어났겠는가? 이렇게 생각하면, 자신의 행위로 구원을 얻으려는 것은 하나님의 지혜와 사랑을 모욕하는 것이다.

자기 의로 가득 찬 사람은 하나님의 속성을 인정하려고 하지 않는다. 그런 사람은 복되신 구세주께서 찬양받으실 이유, 곧 영원한 완전성과 같은 하나님의 속성들을 무시한다. 대신 전능자께서 헛되고 가치 없다고 하신 것들을 높이고 찬양하며 피조물의 자긍심을 높이려 한다. 장사꾼들은 당신이 소유한 값비싼 물건들을 금으로 바꾸어 줄지도 모른다. 그러나 하나님께서는 당신이 가진 모든 것을 드린다고 해도 절서히 거절하실 것이다.

하나님께서는 자신의 자비의 송이꿀과 젖을 아무런 대가나 값없이 거저 주신다. 만일 당신이 값을 주고 그것을 사려고 하나님 앞으로 나아온다면, 당신은 결코 그것을 얻지 못할 것이다. 하나님께서는 하나님의 사랑의 진가를 알지도 못하는 당신에게 사랑을 베푸시지 않을 것이다.

당신이 위대한 일을 한다고 할지라도 그 행위들과 당신이 얻기를 소망하는 복을 비교할 수 있겠는가? 당신은 그러한 행위들을 통해 하나님의 호의와 천국을 보장받고 싶어하는가? 당신이 그것을 얻기 위해 도대체 하나님께 무엇을 드릴 수 있단 말인가? 당신이 하나님 앞에 무엇을 가져올 수 있겠는가? 수천 마리의 짐승이나 강물처럼 많은 기름을 하나님 앞에 가져오겠는가? 우리가 사는 이 지구에 있는 모든 보석들이 얼마나 될지 헤아려 보라. 당신이 그것들을 모두 가져올지라도 그것이 하나님 앞에서 무슨 의미가 있겠는가? 당신이 땅속 가장 깊은 곳에서부터 하늘의 가장 높은 곳까지 금을 잔뜩 쌓는다고 할지라도 그것이 하나님께 무슨 의미가 있겠는가? 어떻게 이 모든 것들로 하나님의 보고(寶庫)를 채우거나 당신의 구원을 살 수 있겠는가? 당신이 하나님의 행복과 하나님 나라의 영광을 더하는 데 영향을 미칠 만한 무슨 일을 할 수 있겠는가? 하나님께 무엇이 부족하겠는가? 하나님은 이렇게 말씀하신다.

"삼림의 짐승들과 뭇 산의 가축이 다 내 것이며"(시 50:10).

당신의 선행이 다른 피조물들을 기쁘게 하고, 그것들이 당신의 선행에 감사할 수도 있다. 그러나 하나님께서 당신의 선물들로 인해 당신에게 감사하거나, 당신이 한 일로 인해서 당신에게 빚을 지시겠는가? 이 얼마나 어리석은 질문인가? 모든 일을 하고 난 다음에 "나는 무익한 종이라"(눅 17:10 참고)라고 고백하는 것 외에 달리 무슨 말을 할 수 있겠는가? 당신이 어떤 일을 했다고 하더라도 당신은 해야 할 일을 한 것일 뿐이다. 그것으로 인해 죄를 속량하거나 하나님의 나라를 상속받는 호의를 얻으리라고는 기대할 수 없다.

자신을 변화시키려는 간절한 시도와 노력을 통해서 구원받으려는 사람들에게 질문하겠다. 만일 사람이 정상적인 팔을 가지고도 어떤 일을 제대로 수행하지 못한다면, 뼈가 부러진 팔로 어떻게 일을 제대로 수행할 수 있겠는가? 당신이 아직 어려서 경험이 없던 시절에는 악한 습관이나 풍조에 빠지지 않았을 것이다. 그러나 실상 그 시절에도 당신의 본성에는 부패성이 내재하고 있었다. 비록 도저히 깨뜨릴 수 없을 정도로 견고하지는 않았을지 모르지만, 그 시절에도 당신은 길 잃은 양처럼 옳은 길에서 벗어나 악한 길을 걸어갔다. 당신은 무슨 근거로 마음의 성향과 행동과 인생의 목표를 갑자기 바꿀 수 있으리라고 생각하는가?

"구스인이 그의 피부를, 표범이 그의 반점을 변하게 할 수 있

느냐?"(렘 13:23)

당신이 이전에 죄를 지었기 때문에 앞으로도 여전히 죄를 지을 것이라는 사실에 대해 반박할 여지가 조금이라도 있는가? 당신은 매력적이고도 매혹적인 악한 유혹에 빠져 그 길을 선택했고, 지금도 바른길을 걸어가리라는 굳은 결심을 떨쳐 버리고 유혹에 빠진다.

시내산에서 주어진 율법에 따라 천국으로 가는 길은 좁고도 험하다. 그래서 한 발짝만 잘못 내디뎌도 저 아래 깊은 구덩이로 떨어질 수 있다. 할 수 있다면 그 자리에 서서 위를 한 번 쳐다보라. 험한 산꼭대기에 검은 구름이 걸려 있고, 갑자기 천둥이 치고, 나팔 소리가 크고 길게 울리고 있다. 모세가 떨고 있는 모습이 보이지 않는가? 모세가 두려워하며 떨고 있는 곳에서 당신은 감히 아무렇지도 않게 서 있을 수 있겠는가? 위를 쳐다보라. 그리고 이 가파른 바위산을 올라가리라는 생각을 내려놓으라. 왜냐하면 그 두려운 길을 가면서 멸망당하지 않고 구원의 산에 오른 자는 아무도 없기 때문이다. 현명하게 생각하라! 당신은 교만과 잘못된 편견으로 선택한 구원의 소망 때문에 오히려 후회하게 될 것이다.

당신이 도저히 할 수 없다고 믿었던 위대한 일을 할 수 있게 되었다고 가정해 보자. 지금부터 완벽해질 수 있고, 생각과 말과 행위로 그 어떤 죄도 절대 짓지 않을 수 있게 되었다고 생각해 보자. 그렇다고 할지라도 과거에 저지른 죄는 어떻게 속량하겠는가? 과거의 모든 기억들을 다시 떠올려 보겠는가? 잠시 동안 당신의 죄를 다시금 떠올려 한 번 따져 보자. 당신이 청소년 시절에 지었던 죄들이 당신을 놀라게 할 것이다. 그 많은 날 동안 밤중에 지은 죄들과 몸의 죄들과 영혼의 죄들을 보라. 당신은 그것들을 잊었을지 몰라도 하나님은 잊지 않으신다. 당신에 대한 기록들을 보라. 모두 다 하나님의 책에 기록되어 있다. 단 한 가지도 빠지지 않았다. 마지막 심판날에 당신에 대한 모든 기록늘이 당신 앞에서 읽힐 것이다.

미래의 순종이 어떻게 과거의 죄악들을 메울 수 있겠는가? 파도가 수천 번 이상 철썩인다고 하더라도 한 번 무너진 절벽을 다시 세울 수는 없는 법이다. 밝은 낮도 있지만, 밤도 여전히 있다. 가장 밝은 날에도 한때는 어두웠다는 사실을 없애지는 못한다.

자기 의로 가득 찬 사람도 자신의 행함으로는 하나님을 만족시킬 수 없다는 것을 안다. 왜냐하면 자기 자신조차도 그것으로 만족할 수 없기 때문이다. 설령 그의 양심이 마비되었다고 할지라도, 일반적으로 그것이 만족스럽지 않다는 것을 느끼고 깨닫게 하는 신적인 요소들이 사람 안에 충분히 남아 있기 마련이다.

하나님이 말씀하신 것을 믿는 것, 하나님이 명령하신 것을 행하는 것, 하나님이 제공하시는 구원을 받는 것, 이것들은 사람이 가질 수 있는 가장 뛰어난 지혜이다. 성경을 펴 보라. 성경은 하나님께서 아직 나타나지 않은 영광에 대해 순례자에게 설명해 주시는 안내서이다. 복음은 오직 이렇게 말한다.

"믿으라. 그리하면 살 것이다."

하나님께서 당신을 위해 우리의 구세주를 죄인의 자리에 세우셨다. 그러므로 그분을 믿으면 구원을 얻을 것이다.

...
Despised Ones Seeking Jesus

Chapter
2

예수님을 찾으라

"모든 세리와 죄인들이 말씀을 들으러 가까이 나아오니"(눅 15:1).

가장 부패하고 멸시받는 계층의 사람들이 우리 주님께로 가까이 나아와 말씀을 듣고 있었다. 이 모습에서 우리는 주님이 자신과 교제하고자 하는 사람들을 기꺼이 환영하고 아무 부끄러움 없이 자신에게로 나아오게 하시는, 너무나 다가가기 쉬운 분임을 알게 된다.

동방의 군주들은 감히 가까이 다가오기 어려운 거리에 떨어져 있으면서 누구도 쉽게 다가오지 못하도록 장벽을 쌓아 놓고 지냈다. 심지어 가장 뛰어난 충신들조차도 군주에게 직접 나아가기는 어려웠다. 에스더의 경우를 보라. 아하수에로 왕이 자신의 남편인데도 왕후인 에스더는 왕 앞에 나아갈 때 마찬가지로 목숨을 걸어야만 했다. 왜냐하면 당시에는 누구라도 왕이 부르지 않았는데 왕에게 나아가면 목숨이 위험해지는 법이 있었기 때문이다(에 4:11 참고).

그러나 만왕의 왕이신 우리 주님은 그렇지 않다. 주님의 왕궁은 훨씬 더 화려하고 그분은 훨씬 더 경배받기에 마땅하신 분이지만, 당신은 언제든 아무런 제재 없이 그분께로 가까이 나아갈 수 있다. 그분의 왕궁 문 앞에는 지키고 있는 병사들이 없다. 자비의 집의 문은 활짝 열려 있다. 그분의 집으로 들어가는 문 위에는 이렇게 적혀 있다.

"구하는 이마다 받을 것이요, 찾는 이는 찾아낼 것이요, 두드리는 이에게는 열릴 것이니라"(마 7:8).

지금 시대에도 지위가 높은 사람에게 다가가기는 쉽지 않다. 당신을 능히 도와줄 수 있는 공직에 있는 사람을 만나기 위해서는 높은 계단을 오르내려야 하고 그 밑에서 일하는 많은 사람들을 거쳐야 하기 때문에, 그 사람을 만나서 당신의 목적을 이루기는 매우 어렵다.

물론 선한 사람들은 호의를 가지고 기꺼이 도와주려고 할 것이다. 그러나 이런 러시아 이야기가 생각난다. 자비심 많은 한 부자가 자기 집으로 오는 가난한 사람들을 모두 도와주려고 했지만, 집 정원에 개를 많이 풀어놓아서 아무도 그 집의 문지방을 넘을 수 없었고, 그래서 그 부자의 자비로운 인품이 아무런 쓸모가 없었다고 한다.

그러나 우리 주님은 그렇지 않다. 우리 주 예수 그리스도는 가장 위대하고 높은 분이지만, 자비롭게도 자신의 집에서 열리는 은혜로운 잔치에 죄인들을 초청하여 함께 즐기기를 기뻐하신다. 우리는 그분의 입에서 침입에 대한 어떠한 경고도 들을 수 없으며, 그분은 수백 명의 초청자들을 가장 가까이로 나아오게 하신다. 가끔씩이 아니라 항상, 그리고 소수에게 약간의 호의를 베푸시는 것이 아니라 성령께서 예수님의 임재 가운데 들어가도록 가슴속에 강한 열망을 불러 일으키신 모든 사람들이 예수님께로 가까이 나아갈 수 있다.

우리 주님과 동시대를 살았던 학자들은 매우 엄격한 분리주의에 영향을 미쳤다. 그들은 자신들의 가르침이 너무나 심오해서 일반 대중에게는 그것을 들려줄 수 없다고 생각했다. "멀리 꺼져라, 불경한 자들아!" 이것이 대중을 경멸하는 그들의 신조였다. 그들은 우뚝 솟은 기둥에 기대어 자만심 가득한 눈으로 이따금씩 하층민들을 내려다보면서 대중이 전혀 이해할 수 없는 사상들을 전하곤 했다. 그들은 결코 대중에게 가까이 다가가 몸을 낮추고서 말하지 않았으며, 대중과 교류하는 것 자체를 부끄럽게 여겼다. 그들 중 가장 유명한 한 철학자는 학교 교패 위에 다음과 같이 써 붙였다. "기하학에 무지한 사람은 이곳에 들어오지 말라."

그러나 가장 지혜로운 사람들이 보기에 어리석었던(사실은 하나님의 지혜 그 자체이시지만) 우리 주님께서는 무지하다는 이유로 죄인을 내모신 적이 한 번도 없으며, 아직 준비되지 않았다거나 배움의 계단을 오르기 위한 과정들을 밟지 않았다는 이유로 구도자를 거절하신 적도 없다. 그분은 신적 진리의 수정 같은 샘에서 목마른 영혼을 내쫓으라고 허락하신 적이 없다. 주님의 입에서 나오는 모든 말씀은 찬란한 다이아몬드요, 그분의 입술은 영롱한 진주이지만, 평범한 사람들에게 하나님 나라의 진리를 가르칠 때 그분은 가족과 같이 친밀하게 다가가셨다.

우리 주님은 하나님과 사람 사이의 중보자라고 불린다. 중보자의 직무에는 언제라도 그에게 다가갈 수 있다는 의미가 포함되어 있다. 중보자는 한쪽만을 위해서는 안 되며, 그가 중재하는 양쪽 모두에게 가까워야 한다. 만일 예수 그리스도가 하나님과 사람 사이의 완벽한 중보자라면, 그분은 하나님께로 매우 가까이 나아갈 수 있어야 하고, 하나님께서 그를 친구라고 부르실 수 있어야 한다. 그리고 동시에 그분은 사람들에게 가까이 다가와 그들을 형제라고 부르기를 부끄러워하시지 않아야 한다. 정확히 우리 주님께서 그러하시다.

예수님을 두려워하는 사람들이여, 생각해 보라. 예수님은 중보자가 되신다. 그러므로 당신은 중보자이신 그분에게로 나아올 수 있다. 야곱의 사닥다리는 땅에서 하늘에까지 닿아 있었다(창 28:12 참고). 만약 야곱이 사닥다리의 아래쪽 단의 절반을 잘라 버렸다면, 그 사닥다리는 아무 쓸모가 없었을 것이다. 누가 주님의 언덕에 오를 수 있는가? 예수 그리스도는 하늘과 땅 사이에 위대한 연결자가 되신다. 그런데 만약 주님께서 자신에게로 오는, 비참하게 죽어야 할 인생들을 만나 주시지 않는다면, 주님께서 사람의 아들이 되신 것이 사람들에게 무슨 소용이 있겠는가?

당신의 영혼과 하나님 사이에는 중보자가 절대적으로 필요하다. 중보자가 없이는 결코 하나님 앞에 나아올 수 없다. 그러나 당신과 중보자 되신 그리스도 사이에는 또 다른 중보자가 필요 없다. 하나님 앞에 나아오는 데는 필요한 조건이 있다. 완전한 의가 없이는 하나님 앞에 나아올 수가 없다. 그러나 당신이 예수님께로 나아오는 데는 아무런 자격 요건도, 의도 필요 없다. 왜냐하면 중보자인 그분이 당신에게 필요한 의가 되시고 모든 것이 되시며, 그것들을 당신에게 아낌없이 베푸시기 때문이다. 바로 지금, 담대하게 주님께로 나아오라. 주님께서는 자신의 보배로운 피로써 하나님과 당신을 화목하게 하고자 기다리고 계신다.

그리스도의 또 다른 직무는 제사장의 직무이다. 오늘날에는 '제사장'이라는 말이 그다지 긍정적으로 들리지 않지만, 성경은 이 말을 매우 긍정적으로 묘사한다. 제사장은, 화려한 복장을 하고서 다른 예배자들에게서 떨어져 더 높은 곳에 올라가 자신에게 죄 사함을 베푸는 능력이 있다고 말하는 사람이 아니다. 진정한 제사장은 참으로 모든 사람의 형제이다. 이스라엘 백성들에게는 아론만큼 형제 같은 제사장이 없었다. 아론과 그 뒤를 이은 제사장들은 하나님을 대신해서 사람들과 만난 첫 번째 사람들이었다.

세사장은 나병 환자들이 그 누구도 접근할 수 없을 만큼 정결하지 못할 때에도 마지막으로 만날 수 있는 사람이었다. 제사장은 나병 환자의 집에 들어갔고, 나병에 걸렸다고 의심되는 사람과 대화하며 그를 살폈다. 그리고 나중에 그들이 병에서 회복되면 처음으로 만나야 하는 사람도 제사장이었다(레 13:2-28,40-46, 14:2,3 참고). 회복된 모든 나병 환자들에게는 "가서 제사장에게 네 몸을 보이라"(마 8:4; 막 1:44; 눅 5:14 참고)라는 명령이 주어졌다. 그리고 제사장이 그 집에 들어가 그들과 함께하면서 그들의 몸이 회복되었음을 입증하기 전까지는, 그들은 결코 유대인 사회에 받아들여질 수 없었다.

제사장은 사람들 가운데 선택된, 진정한 형제였다. 제사장은 언제든 그들에게 가까이 갈 수 있었고, 그들과 함께 살았으며, 사람들 중심에 서서 죄와 슬픔에 빠진 이들을 위해 진정으로 중재할 준비를 하고 있었다.

바로 우리 주님께서 이러한 제사장의 직무를 담당하셨다. 의심할 여지 없이 그분은 분명히 제사장이셨다. 누구든지 그분께로 가까이 나아갈 수 있다. 형편없는 죄인이라 할지라도, 절망에 빠져 낙심했다 할지라도, 그들을 구원하기 위해 우리 주님이 희생을 치르셨으며, 그리하여 그들이 주님께로 가까이 다가갈 수 있게 되었다. 예수님의 피는 진영 밖으로 쫓겨난 부정한 창기들이라 할지라도 능히 깨끗하게 하실 수 있다. 위대한 대제사장이신 우리 주님은 잔혹한 범죄를 저질러 고통스런 형벌을 받아 마땅한 흉악한 범죄자라 할지라도 그들의 죄를 해결하실 수 있다.

의지할 것 없고 두려워하는 인생들이여! 사람들은 당신을 만지려고 하지 않지만, 예수님께서는 당신을 만져 주시려고 한다. 당신이 모든 사람들과 분리되어 떨어져 있더라도, 세리들과 죄인들을 가까이하신 주님, 죄인들의 위대한 친구이신 주님에게서 멀리 떨어져 있지는 않다.

또한 우리 주 예수님은 우리의 구원자가 되신다. 구원이 필요한 사람들에게 그분이 어떻게 가까이 다가가시는지를 설명하지 않고서는 그분이 어떻게 우리의 구세주가 되시는지를 알 수 없다. 어떤 사람이 여리고로 가는 길에 강도를 만나 피를 흘리며 쓰러져 있을 때, 제사장과 레위인은 그냥 지나쳤다. 그들은 구원자가 아니었으며, 구원자가 될 수도 없었다. 그런데 그때 쓰러진 사람에게로 가까이 다가가 몸을 굽히고는 기름과 포도주를 그 상처에 붓고 상처를 싸매며 부드러운 사랑으로 그를 일으켜 세워 품에 안고 주막으로 데리고 가서 돌보아 준 사람이 있었다(눅 10:30-34 참고). 바로 여기서 우리는 우리의 구원자를 본다. 그분이야말로 진정한 구원자가 되신다.

오, 죄인들이여! 예수 그리스도께서는 당신이 있는 바로 그곳에 오셔서 악취 나는 당신의 죄악의 상처들을 싸매시고는 결코 당신을 떠나시지 않을 것이다. 그분의 사랑은 혐오스러운 죄의 공격들을 능히 이긴다. 왜냐하면 그분께는 능력이 많으며, 원하면 우리와 같은 사람들을 충분히 구원하실 수 있기 때문이다.

그리스도의 다른 직무들을 더 언급할 수도 있겠지만, 이 세 가지만으로도 충분하리라 생각한다. 성령께서 조명하여 깨닫게 하신다면, 틀림없이 당신은 성령의 인도하심 가운데 예수님이 멀리 계신 분이 아님을 알게 될 것이다.

...
Seekers Touching Christ

Chapter 3

그리스도를 만지라

고침을 받아 본 적이 있는 사람들은 경험에서 오는 확신을 가지고 말하곤 한다. 다른 사람들이 이해하지 못할 고통스러운 낙담과 암울함으로 고개를 떨군 채 살아가는 한 사람이 있었다. 그는 어린 시절에 겪은 커다란 슬픔 때문에 인생의 대부분을 지옥으로 가는 문 바로 앞에서 보냈다. 그러나 어느 순간, 단지 십자가에 못 박히신 분을 한 번 본 것으로 그의 삶이 변하여 완전한 평화를 누리게 되었다. 이러한 치유는 다른 사람들에게도 일어날 수 있다. 왜냐하면 다른 종류의 모든 죄악도 이와 같은 방식으로 극복할 수 있기 때문이다.

예수님은 당신의 교만함을 치유하실 수 있고, 당신을 분노로부터 벗어나게 하실 수 있다. 예수님께서는 당신의 나태한 모습과 시기하는 태도를 극복하게 하시고, 음란함과 원한과 탐욕뿐만 아니라 모든 종류의 영적 질병을 고치실 수 있다. 고문과도 같은 고행(苦行)이나 소모적이고 미신적인 수행(修行)이나 맹렬한 고통을 통해서가 아니라 단지 주님으로부터 오는 말씀으로, 주님을 바라봄으로써 모든 것을 치유하신다. 오직 예수님을 믿기만 하면 구원을 받는다. 한순간에 새로운 피조물이 된다. 죄를 충분히 정복할 수 있는 강한 능력이 주어져 새로운 삶이 시작된다. 이러한 간증을 할 수 있는 사람들이 신자이다.

우리는 거짓말쟁이가 아니다. 설령 하나님의 영광을 위한다고 할지라도 경건한 거짓말로 당신을 속일 수는 없다. 우리는 그리스도의 치유하는 능력을 직접 느끼고 경험했다. 우리는 그것을 보았으며, 또 날마다 보고 있다. 다른 많은 사람들도 나이가 많든 적든, 신분이 높든 낮든 상관없이 그것을 경험했고, 또 경험하고 있다. 예수님의 말씀에 순종한 모든 사람들이 그분의 능력으로 새로운 피조물이 되었다. 이것을 분명히 목격한 사람들이 한둘이 아니다. 수천수만의 사람들이 똑같은 일을 경험했다고 증언한다. 목회자들뿐만 아니라 다양한 직업으로 부르심을 받은 사람들이 이것을 경험했다. 상인들도, 근로자들도, 신분의 높고 낮음에 상관없이 우리는 이렇게 말할 수 있다. "우리 역시 그리스도께서 영혼을 치유하신 일의 목격자들이다!"

그런데 놀라운 사실이 있다. 이것을 알면서도 사람들이 즉시 그리스도께로 달려가 똑같은 복을 달라고 구하지 않는다는 것이다. 우리가 복음서에서 읽는 사람들의 행동은 당연한 것이었다. 그들은 그리스도가 많은 사람들을 치유하셨다는 소식을 들었다. 그렇다면 그들은 마땅히 다음과 같이 생각해야 할 것이다. '우리도 고침을 받자! 그분이 어디에 계시단 말인가? 그분에게로 달려가리라! 그분 주위에 사람들이 몰려 있다 하더라도 그분에게 닿을 때까지 사람들을 헤치고 달려가리라! 그리고 그분에게서 흘러나오는 치유의 능력을 경험하리라!'

그러나 복음서에 등장하는 사람들은 그렇게 할 필요가 없는 것처럼 행동한다. 그들은 금으로도 살 수 없고 다이아몬드와도 비교할 수 없는 영원한 복을 얻을 수 있다는 것을 알면서도, 그것으로부터 등을 돌리고 있다!

좋은 것을 얻고자 하는 것은 사람의 이기적인 본성이다. 그런데 여기에 모든 것 중에서도 가장 좋은 것이 있다. 건강한 영혼을 소유하고, 광명의 천사들과 함께 영원한 영광을 나누는 새로운 본성을 얻을 수 있다. 이것은 값없이 주어졌다. 그런데도 사람들은 자기 자신에게 진실하지도 않고, 심지어 자기의 이익을 추구하고자 하는 이기적인 본성을 정직하게 따라가지도 않는다. 오히려 그들은 모든 선함의 원천에서 벗어나 영원한 목마름 가운데 멸망할 수밖에 없는 황량한 광야로 달려가고 있다.

당신에게 복음이 선포되었다. 하나님께서는 사람들이 자비를 구하고 찾을 수 있도록 복음을 들려주셨다. 하나님께서는 헛된 기대를 가지게 하거나 사람들을 속이시는 분이 아니다. 하나님께서는 자신에게로 나아오라고 요청하신다. 회개하고 믿으라. 그리하면 구원을 받을 것이다. 상하고 통회하는 마음으로 나아와 그리스도 안에서 그분을 신뢰하라. 하나님께서는 결코 당신을 거절하시지 않는다. 그렇지 않다면 아예 당신에게 복음을 주시지 않았을 것이다.

예수 그리스도는 죄인이 구원받는 것을 가장 기뻐하신다. 사람들이 예수님을 만지기 위해 몰려왔을 때 예수님은 그들을 꾸짖지 않으셨다. 아니, 예수님께서 치유의 능력을 베풀어 주시는 것이 그분의 신적인 즐거움이다. 장사를 하는 사람들에게는 물건이 잘 팔릴 때보다 더 행복할 때가 없을 것이다. 마찬가지로 우리 주 예수님께도 영혼을 얻고자 하실 때 그분의 이 놀라운 사역들이 신속히 진행되는 것보다 더 행복한 때는 없다. 의사의 가장 큰 기쁨은 심각한 병을 앓는 환자를 치료하여 건강이 회복되는 모습을 보는 것이다. 나는 의사라는 직업이 인간의 직업 가운데 가장 보람된 것 중 하나라고 생각한다. 우리 주 예수님도 상한 심령을 싸매 주실 때 신적인 기쁨을 가장 많이 느끼신다. 그리스도의 영혼은 사람들에게 유익을 주는 것을 가장 기뻐하신다.

자비를 얻기 위해 예수님을 설득하고 그분과 논쟁해야 한다고 생각한다면, 당신이 그분을 오해하고 있는 것이다. 그분은 태양이 그 빛을 아낌없이 나누어 주듯이, 하늘이 이슬과 구름을 통해 비를 내리듯이 거저 주신다. 죄인들에게 복을 주시는 것이 하나님 자신의 영광이다. 죄인들에게 복을 주시는 것이 하나님의 이름을 빛나게 한다. 그것이 바로 결코 지워질 수 없는 그분의 영원한 말씀이다.

나 역시 예수님을 믿을 때 그러했다. 내 죄가 커다란 짐으로 느껴지자 나는 스스로에게 이렇게 말했다. "나는 예수님께로 나아가고 싶다. 그러나 아마도 그분이 나를 받아 주시지 않을 것이다." 당시 나는 나 자신을 주님께 합당한 모습으로 만들기 위해 더 많이 느끼고 더 많이 행해야 한다고 생각했다. 그래서 이것도 해 보고, 저것도 해 보았다. 그러나 그렇게 하면 할수록 상태는 더욱 나빠졌다. 실력이 뛰어나다는 의사들을 찾아다니며 온갖 치료를 받았던 여자처럼 치료받는 데 모든 것을 바쳤지만, 상태는 오히려 더욱 나빠지기만 했다(막 5:25, 26 참고).

나는 그리스도를 바라보는 데 생명이 있다는 사실을 충분히 이해하고 있었고, 내가 해야 할 일은 오직 그분을 신뢰하며 있는 모습 그대로 나아가 그분의 십자가 앞에 나 자신을 드리는 것뿐임을 알고 있었다. 그런데도 나는 여전히 어떻게 이 일이 가능한지를 이해할 수 없었다. 이것은 너무나 단순해 보였다. '어떻게 이런 일이 가능할까? 정말 이것이 전부일까?' 내가 주님께로 가면 그분이 이렇게 말씀하실 것만 같았다. "죄인아, 너는 마음으로 느껴지지 않는 형식적인 기도로 오랫동안 나를 거절하고 나에게 모욕을 안겨 주었구나. 너는 마음속으로는 나를 찬양하지도 않으면서 하나님의 사람들과 더불어 나를 찬양하는 위선적인 행동을 일삼으면서 살았구나." 나는 하나님께서 나를 꾸짖고, 수만 가지 죄를 생각나게 하실 것이라고 생각했다.

그러나 말씀 한 구절로 모든 것이 끝났다. 나는 주님을 바라보았고, 모든 짐은 사라졌다. 나는 이렇게 찬양할 수 있게 되었다. "호산나! 찬송하리로다. 주의 이름으로 오시는 이여!(막 11:9) 그분의 오른편에는 죄 사함이 있고, 왼편에는 용납하심이 있도다! 가장 자격 없는 사람이 가장 풍성한 복을 받았도다!"

이제 나는 예수 그리스도께서 이 땅에 계실 때와 동일한 능력으로 사람들을 구원하신다고 말할 수밖에 없다. 예수님은 여전히 쉬지 않고 죄인들을 위해 중보하신다. 그러므로 예수님은 자신에게로 나아오는 모든 사람들을 구원하실 수 있다. 그리고 주님께 나아오는 사람은 절대로 내쫓기지 않는다. 이것은 변하지 않는 진리이다. 그리스도를 믿고서도 멸망당한 사람은 이제까지 없었고, 앞으로도 없을 것이다.

지체하지 말고 그리스도를 믿으라. 지금보다 더 예수님을 믿기 쉬울 때가 있을 것이라는 유혹에 빠지지 말라. 언젠가 상황이 지금보다 더 좋아지면 주님께로 나아오게 될 것이라고 생각하지 말라. 세상에서 가장 깨끗하게 세탁한 것일지라도 오염되어 있기 마련이다. 세상에서 가장 훌륭한 의사에게 찾아가더라도 끔찍한 질병은 여전히 사라지지 않을 것이다. 세상에서 가장 자비로운 자선 단체에 찾아가 도움을 구해도 여전히 빈털터리일 것이다. 넝마 같은 옷을 꿰매려고 하지 말라. 성품을 변화시키려고 노력하지 말라. 그리스도에게로 나아오기 전에 더 나아지려고 노력하지 말라. 당신의 모든 부족함과 악함을 가진 그대로 나아와 이렇게 말하라. "나의 하나님, 나의 주님이시여! 주님께서는 주님을 믿는 사람들을 위하여 인간의 몸을 입고 모든 죄를 감당하시지 않았습니까? 저는 주님을 믿습니다. 저를 받아 주시고, 평화와 기쁨을 주옵소서."

그리고 세상에 외치라. 주님께서 당신을 받아 주셨는지 받아 주시지 않았는지를 말하라. 만일 주님께서 당신을 내쫓으신다면, 당신은 최초로 내쫓긴 사람이 될 것이다. 반면 만일 주님께서 당신을 받아 주신다면, 당신은 이미 주님께 받아들여진 수천수만의 사람들 중 한 명일 뿐이다. 그때에는 우리의 신앙이 확실히 증거되도록 공포하라!

단순히 그리스도에게 가까이 나아가는 것으로 결코 만족하지 말라. 많은 사람들이 회심하는 은혜로운 시기에, 사람들은 단지 하나님의 자비가 베풀어진 교회에 속해 있다는 것만으로 만족해하곤 한다. 단지 교회에 나아와 예배하면서 주일을 보낸 것만으로 완전히 만족하는 사람들이 있다는 것을 생각하면 심히 두렵다.

나병에 걸린 한 사람이 예수님께로 가고 있다고 상상해 보라. 그가 혼잡한 군중 속으로 들어가서 거기에 합류하여 한동안 시간을 보내고는 오로지 그 무리와 함께했다는 사실만으로 만족한 채로 돌아온다. 그다음 날에도 위대한 주님께서 병을 고치는 은혜를 베푸실 때에 그 나병 환자는 또다시 사람들을 팔로 밀면서 군중 속으로 들어가서는 구세주 가까이에 다가갔다가 돌아온다. 그러면서 "나는 북적거리는 군중들 틈에 들어가 사람들을 밀치면서 구세주 가까이 다가가는 길을 만들어 나아갔다 왔으니 복을 받을 것이다!"라고 자신 있게 말한다. 주일에 예배의 자리로 나아가는 수천수만의 사람들에게서도 이와 똑같은 태도를 볼 수 있다. 교회에서 복음이 선포되고, 성도들은 복음을 듣기 위해 예배의 장소로 나아온다. 그리고 그다음 주일에도 다시금 복음이 선포된다. 그러나 그들은 말씀을 듣고 나서 각자 자신의 시간에 자신의 길로 갈 뿐이다.

당신은 그 나병 환자에게 이렇게 말할 것이다. "그것은 바보 같은 짓이다! 왜 아무것도 하지 않는가? 군중 속으로 들어가는 것만으로는 아무 소용이 없지 않은가? 치유의 은혜를 베푸시는 예수님을 만지지 못했다면, 당신은 완전히 시간만 낭비한 것이 아닌가? 게다가 예수님 가까이까지 나아갔는데도 손을 뻗어 그분을 만지지 못했다면, 그것이야말로 안타까운 일이 아닌가?"

이것은 당신에게도 똑같이 적용된다. 또 예수 그리스도가 선포되는 곳으로 신실하게 나아가는 모든 사람들에게도 그대로 적용된다. 당신은 그저 왔다가 간다. 오고 가기를 계속 반복한다. 당신은 얼마나 어리석고 바보 같은가? 예수님을 한 번 만져 보지도 못하고 단지 무리 가운데 들어간 것으로 만족하다니! 당신의 교회 생활과 예배를 생각해 보라. 만약 당신이 구세주를 만지지 않는다면, 교회 생활과 예배도 아무런 쓸모가 없다.

나는 예수님을 만짐으로써 고침을 받은 사람들과 함께하는 것만으로 만족하는 사람들에게 경고한다. 무리들 중에는 우리 주님을 만지고 나서 손뼉을 치며 기뻐하는 사람들이 있다. "마른 손이 회복되었습니다. 하나님께 영광을 돌립니다!" "내 눈이 떠졌어요!" "종양이 사라졌어요!" "중풍병이 나았어요!" 사람들이 돌아가면서 하나님께서 베푸신 놀라운 기적들로 인하여 하나님을 찬양한다. 그리고 환자의 친구들도 그들과 함께 기뻐하면서 "얼마나 놀라운 자비인가! 이제 나왔으니 함께 집으로 가자!"라고 외친다. 무리 가운데 있던 사람들은 모두 다 그 놀라운 광경을 보고 듣고 다른 사람들에게 전한다. 그런데 이렇게 다른 사람에게 일어난 기쁜 소식을 듣고서 즐거워하며 함께 마음을 나누면서도 정작 그들은 결코 자기 자신을 위해서 예수님을 만지지 않는다. 노아의 방주를 만든 목수들은 방주를 짓고서도 모두 홍수에 휩쓸려 버렸다.

오, 간절히 탄원한다. 부흥에 대해서 말하는 것만으로 만족하지 말라. 회심에 대해서 듣고 관심을 가지는 것만으로 만족하지 말라! 우리 주 예수 그리스도를 실제적이고도 영적으로 만지기 전에는 그 어떤 것으로도 만족하지 말라. 하나님이신 분이 죄인들을 위해 나무에 달리신 그 위대한 희생을 실제로 보기 전까지는 결코 졸거나 잠자지 말라. 그리스도를 다른 사람의 구세주로만 생각하지 말고, 당신 자신의 구세주로 삼기까지 간절한 마음으로 뜨겁게 구하라!

한 청년이 나에게 구원받기 위해서 무엇을 해야 하는지 알고 싶다고 말했다. 나는 그에게 다음과 같은 찬송가 가사를 상기시켜 주었다.

"연약하고 죄 많은, 의지할 것 없는 벌레 같은 자가
주님의 친절한 팔에 안깁니다."

그러자 그는 "저에게는 그럴 만한 힘이 없습니다"라고 말했다. 나는 "자네는 내 말을 제대로 이해하지 못했군. 안긴다는 것은 자네가 가진 힘으로 안긴다는 말이 아니네. 이것은 아무 힘이 없어서 쓰러져 안긴다는 의미이네." 즉, 여기서 안긴다는 것은 똑바로 서 있을 수 없어서 그리스도의 팔에 쓰러지는 것을 의미한다. 그리스도의 팔에 쓰러져 안기는 것, 그것이 곧 믿음이다. 무엇인가를 하려 하지 말라. 당신 자신이든 행위이든 소망으로 삼을 만한 그 어떤 것이든 그것을 의지하지 말라. 오직 완전한 공로와 완성된 그분의 사역, 예수 그리스도의 보배로운 피를 의지하라! 그리하면 당신은 구원받을 것이다.

당신의 모든 선행은 결국 사라지고 말 것이다. 당신의 것으로 여겨지는 것은 작은 점 하나라도 남기지 말라. 당신의 기도나 눈물이나 세례나 회개, 심지어 당신의 믿음까지도 의지해서는 안 된다. 당신이 의지할 것은 다른 데 있지 않고 오직 예수 그리스도 안에 있다. 우리 주님의 못 박힌 손과 발은 그분의 사랑을 보여 준다. 주님을 바라보라! 예수님의 십자가 옆에서 피 흘리는 강도가 구원받은 것을 통해 복되신 우리 주님의 마음을 볼 수 있지 않은가? 그것을 바라보라. 구세주의 고통과 슬픔과 신음을 보고 들으라. 이것이 인간의 죄를 속량하기 위한 형벌이다. 이것이 믿는 사람을 대신하여 그리스도에게 쏟아 부으시는 하나님의 진노이다. 예수님을 믿으라. 예수님의 고난이 당신을 위한 것임을 확신하라. 당신을 구원하시는 주님을 믿는다면, 당신은 구원받을 것이다.

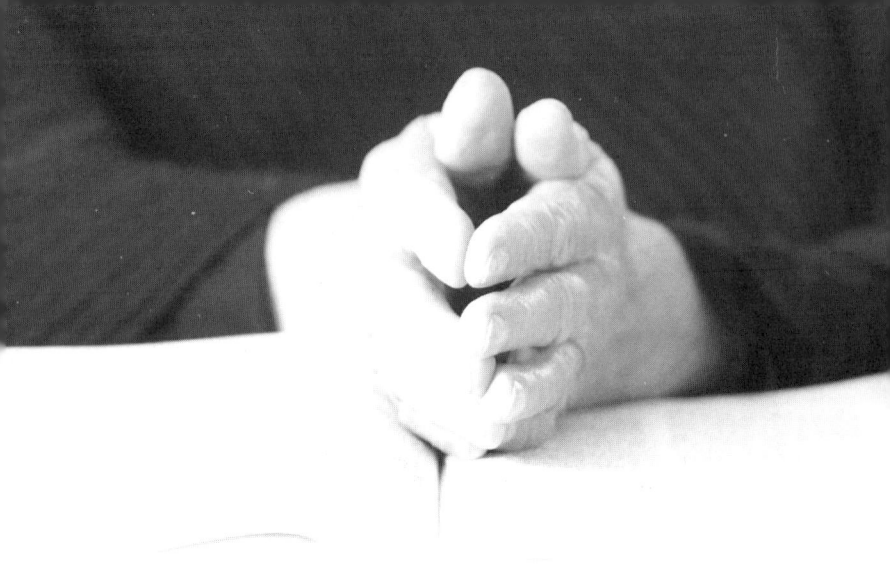

...
Still No Light, and Why?

Chapter
4

왜 여전히 빛없이 사는가

어둠으로부터 벗어나 빛으로 가기를 원하는 사람들을 돕기 위해 수고하는 것은 나의 행복한 직무이다. 나는 다음의 질문에 답하면서 그들을 돕고자 한다. "빛을 원하는데도 아직도 빛을 찾지 못하는 것은 어떻게 된 일일까? 벽을 더듬는 맹인처럼 대낮에도 밤인 양 비틀거리는 이유는 무엇일까? 왜 주님은 자신의 모습을 나에게 보여 주시지 않는가?"

당신이 잘못된 장소에서 빛을 찾고 있을지도 모른다. 많은 사람들이 마리아처럼 죽은 사람들 가운데서 산 사람을 찾는다(눅 24:1-6 참고). 또는 의식을 지킴으로써 하나님과의 평화를 누릴 수 있다고 믿는, 잘못된 교리의 희생자일 수도 있다. 아마도 당신이 어떤 신조 자체를 믿음으로써 구원을 찾으려고 노력해 왔을 수도 있다. 당신은 순수한 정통 교리를 발견하기만 하면 그것에 자신을 의탁함으로써 구원받을 수 있으리라 생각했을지도 모른다. 부모에게서 전수된 신앙 전통에 따라 진리의 체계에 자신을 맡기기만 하면 자동적으로 믿는 사람이 될 것이라고 생각했을 수도 있다. 당신이 칼빈주의를 따를 수도 있고, 알미니안주의를 따를 수도 있다. 당신이 개신교도일 수도 있고, 로마 가톨릭교도일 수도 있다. 당신이 따르는 신조가 진리일 수도 있고, 거짓일 수도 있다.

그러나 내 말을 믿으라. 아무리 성경적인 진리를 받아들인다 하더라도, 어떤 신조를 단순히 수용하는 것만으로는 결코 하나님과의 관계에서 누리는 진정한 평화를 발견할 수 없다. 단순히 머리로만 알고 있는 관념적인 신앙은 결코 당신을 하늘나라로 이끌지 못한다. 거듭난다는 것은 단순히 어떠한 교리들을 믿는다는 것이 아니다. 물론 그것은 매우 중요한 일이다. 영생을 얻기 위해서는 성경을 살펴야 한다. 그러나 우리 주님께서 바리새인들을 얼마나 꾸짖으셨는지를 기억하라(요 5:39 참고). 예수님께서는 성경을 상고하는 바리새인들에게 한 가지를 덧붙여 말씀하신다.

"그러나 너희가 영생을 얻기 위하여 내게 오기를 원하지 아니하는도다"(요 5:40).

당신이 성경을 알지 못한다면 영생을 얻지 못할 것이다. 그러나 성경을 연구하는 것이 아무리 유익하다 할지라도, 그것이 당신을 구원할 수는 없다. 그것을 뛰어넘어 더 나아가야 한다. 당신은 십자가에 못 박히셨으며 지금은 하나님의 오른편에서 간구하고 계신 살아 있는 그리스도 앞으로 실제로 나아가야 한다. 그리스도 앞으로 나아가지 않으면 건전한 교리를 받아들였다는 사실도 당신의 영혼을 구원하는 데 아무런 영향을 줄 수 없다. 아마도 당신은 다른 방식으로 잘못 인도받았거나, 잘못된 방식으로 영혼의 평화를 추구하는 꾐에 빠졌는지도 모른다. 만약 그렇다면 그런 실수들을 제대로 볼 수 있기를 간절히 바란다.

당신은 구원을 위한 문이 오직 하나밖에 없으며, 그 문이 바로 그리스도라는 사실을 반드시 알아야만 한다. 오직 하나의 길이 있는데, 그 길이 바로 그리스도이다. 오직 한 가지 진리가 있는데, 그 진리가 바로 그리스도이다. 오직 한 가지 생명이 있는데, 그 생명이 바로 그리스도이다. 구원은 오직 예수님에게서 나온다. 당신의 존재나, 당신의 행위와 느낌, 지식이

나 결심에서 비롯되는 것이 아니다. 아버지 하나님의 자비로 말미암아 예수 그리스도 안에 인생들을 위한 모든 생명과 빛들이 들어 있다. 바로 이것이 당신이 빛을 찾지 못한 한 가지 이유일 것이다. 즉, 당신이 다른 곳에서 빛을 찾기 때문이다.

또한 당신이 잘못된 존재에게서 구원을 찾았을 수도 있다. 우리가 화목과 화해를 위하여 용서를 구하며 기도할 때, 우리는 누구에게 말하고 있는지, 우리가 누구이고 누가 호의를 베푸는지를 반드시 기억해야만 한다. 어떤 사람들은 하나님께서 그들을 구원하셔야만 하는 것으로 생각하거나, 우리의 어떤 행위의 결과로 마땅히 필연적으로 구원이 주어져야만 하는 것처럼 생각한다. 또한 어느 정도는 우리가 행한 미덕에 대한 보상으로 구원이 주어지는 것으로 생각하기도 한다. 그들은 구원이 온전히 하나님의 선물이라는 진리를 거부하고, 우리의 행위나 공로에 따라 주어지는 것인 양 생각한다. 그러나 구원은 값없이 베풀어지는 것이다. 구원은 사람에게서 나오거나 사람에 의해서 이루어지는 것이 아니라, 오직 주님 한 분께로부터 말미암는다. 주님께서는 분명하게 말씀하신다.

"원하는 자로 말미암음도 아니요 달음박질하는 자로 말미암음도 아니요 오직 긍휼히 여기시는 하나님으로 말미암음이니라"(롬 9:16).

  그런데도 많은 사람들은 우리의 행위나 공헌으로 영생을 얻을 수 있으리라고 상상한다. 이러한 교만한 생각들을 버리라. 그리고 하나님 앞에 겸손히 탄원하는 자로 나아오라. 우리는 자비의 약속들을 간구하고, 우리의 공로를 내세우는 모든 생각들을 혐오하면서 나아와야 한다. 주님께서 충분히 우리를 정죄하실 수 있으며, 우리가 정죄받아 마땅한 존재임을 인정하면서 나아와야 한다. 만약 주님께서 당신을 구원하신다면, 그것은 오직 전적으로 은혜로운 자비에서 비롯된 것이며 주권적인 은총으로 말미암은 것임을 인정하고 고백하면서 나아와야 한다.

  오, 그러나 너무나 많은 사람들이 진리를 찾고자 하면서도 머리를 높이 들고 나아온다. 빛의 낮은 문을 통과하기 위해서는 반드시 머리를 숙여야만 한다. 무릎 꿇은 그곳이 바로 탄원하는 사람이 진정으로 거할 곳이다. "하나님, 나를 불쌍히 여기소서. 나는 죄인입니다." 이 고백이야말로 탄원하는 사람들에게 진정으로 합당한 기도이다. 설령 하나님께서 당신을 저주하시더라도, 당신은 한 마디도 불평할 수 없을 것이다. 왜냐하면 당신은 당신의 죄에 대한 형벌로 말미암아 죽어 마땅하며, 당신의 기도가 전혀 응답되지 않더라도 마땅한 존재이기 때문이다. 주님이 당신에게 자비를 베푸시지 않더라도 당신은 주님을 고소할 수가 없다. 왜냐하면 기도가 마땅히 응답되어야 하는 권리가 당신에게는 없기 때문이다. 주님의 뜻이라면, 얼마든지 당신이 구하는 평화가 유보될 수 있으며, 그것은 의롭다.

자신이 자격 없고 무가치하며, 지옥에 갈 수밖에 없는 죄인임을 고백하라. 그리고 한 번도 기도한 적이 없는 것처럼 기도를 시작하라. 기도가 응답되기를 원한다면, 자기를 경멸하는 비참함에서 나오는 깊은 간구로 울부짖으라. 마땅한 권리를 가진 채권자가 아니라 빈털터리 거지처럼 나아오라. 당당하게 요구하면서 나아오는 것이 아니라 겸손하게 간청하면서 나아오라. 오직 이렇게 기도하라. "주님, 저의 기도를 들으소서. 오직 주님의 자비와 예수 그리스도의 죽으심을 의지하며 나아갑니다. 용서를 구하는 죄인 중에 괴수로 나아갑니다. 지옥으로 내려가지 않도록 나를 구원하소서. 나로 하여금 주님의 이름을 찬양하게 하소서."

두렵게도 하나님 앞에서 교만한 마음을 품는 것은 많은 사람들에게 큰 재앙이 되었다. 만약 당신이 교만한 마음을 품어 왔다면, 지금 그 마음을 바꾸라. 상하고 통회하는 심령과 겸손하고 낮아진 마음으로 당신의 아버지께로 나아가라. 주님께서는 반드시 당신을 자녀로 받아 주실 것이다.

또한 두렵게도 구원을 찾을 수 있는 진정한 길에 대해서 아직 분명히 알지 못하여 평화를 얻지 못하는 사람들도 있다. 그들은 구원의 길에 대한 설교를 매우 자주 들으면서도 그것을 이해하지 못한다. 대부분의 사람들에게는 하나님과 화평하는 길이 안개 속에 있는 듯 희미하게 보인다. 그래서 그것을 아무리 분명하게 설명한다고 하더라도 오해하거나 잘못 이해하는 것이다.

당신의 구원은 당신이 무엇을 했느냐에 달려 있지 않다. 당신의 구원은 그리스도가 무엇을 했느냐에 달려 있다. 즉, 우리 주 예수님께서 죄를 위한 희생 제물로 자신을 드린 일에 당신의 구원이 달려 있다. 당신의 구원은 전적으로 갈보리 십자가의 고통에 그 뿌리를 두고 있다. 위대한 대리자께서 당신의 죄를 지고 그 형벌의 고통을 대신 당하셨다. 주님께서 선택하신 대제사장이 친히 나무에 달려 당신의 죄악들로 인한 죗값을 치르셨다. 그러므로 당신의 죄는 당신을 파괴할 수 없다. 그 죄악들은 영원토록 당신을 고소할 수 없다. 당신이 해야 할 일은 단지 예수 그리스도가 성취하신 것을 받아들이는 일뿐이다.

당신은 구원자에게 무언가를 가져가야 한다고 생각할지도 모른다. 그러나 그런 교만한 생각이야말로 많은 사람들을 망쳤고, 더 많이 망칠 것이다. 당신이 빈손으로 나아와 십자가에 못 박히신 손으로부터 값없이 주어지는 완전한 구원을 받아들일 때, 당신은 구원받게 될 것이다.

"십자가에 못 박히신 분을 바라볼 때 생명이 있다."

그러나 사람들은 십자가를 바라보지 않는다. 아니, 그들은 또 다른 십자가를 들어올리기 위하여 음모를 꾸민다. 또는 십자가를 보석으로 치장하고서 경배하려 애쓰거나 아름다운 꽃으로 장식한 화환을 씌우려고 한다. 그들은 구세주를 단순한 마음으로 바라보거나 그분만을 신뢰하지 않는다. 그러나 그 어떤 영혼도 다른 방법을 통해서는 하나님과 평화를 누릴 수 없다. 오직 이 길만이 너무나 효과적인 길이다. 이 길은 한 번도 실패한 적이 없고, 앞으로도 실패하지 않을 것이다.

인간의 교만한 본성은 다메섹 강 아바나와 바르발의 물을 더 선호한다. 그러나 오직 요단강의 물만이 나병을 낫게 하였다(왕하 5:1-14 참고). 우리의 후회들과 행위들, 결심들은 모두 밑 빠진 독일 뿐이다. 우리는 오직 임마누엘이 되시는 구주의 죽음으로 말미암아 열려진 생명수의 원천에서만 생명수를 마실 수 있다.

단순한 믿음, 전적인 의존, 그리스도를 향해 마음을 다하는 신뢰만이 구원의 길이라는 사실을 받아들이는가? 만약 당신이 그 사실을 받아들인다면, 당신에게 진정한 구원의 길을 깨닫게 하신 하나님께서 그 길을 갈 수 있도록 은혜를 주실 것이다. 그러면 당신이 빛 가운데 들어오게 되고, 그 빛이 밝게 빛날 것이다. 그리고 그렇게 갈망하는 평화를 얻게 될 것이다. 왜냐하면 그리스도께서 그분의 보혈로써 평화를 가져오셨기 때문이다. 고난받으신 예수 그리스도를 믿는 많은 사람들의 죄는 사라졌다.

"끝없는 바다에서 잃어버린 바 되었지만,
구세주의 보혈에 잠겼네.
용서받은 영혼, 그분이 하신 일이 얼마나 복된지
이제 모든 것으로부터 의롭게 되었네."

지금까지 말한 이 모든 경우에 당신이 해당되지 않는다면, 아마도 당신이 빛을 찾지 못하는 이유는 그것을 전심으로 구하지 않았기 때문일 것이다. 마음을 다해 열정적으로 하나님을 찾지 않는 사람은 천국에 들어갈 수 없다. 하나님께서는 냉랭한 기도를 들으시지 않는다. 어떤 사람이 그가 구하는 은혜가 얼마나 가치 있는 것인지를 명확하게 알지도 못하고, 하나님께서 친히 응답하실 때까지 결코 만족하지 않는 마음을 가지고 있지도 않다면, 그 사람의 기도가 거절되더라도 이상할 것이 하나도 없다. 해마다 많은 죄인들이 하나님의 자비의 문 밖에 서서 냉대를 받는다. 왜냐하면 그들이 하나님 나라에 들어가기 위해 열정을 다하여 침노하지 않기 때문이다.

구원받기를 원하지 않는다면, 멸망 가운데 남게 될 것이다. 반면 마음속으로 단단히 결단하고, 하나님께서 죄를 용서해 주실 때까지 하나님을 쉬시지 못하게 하리라는 마음으로 매달린다면, 하나님께서 당신의 마음의 소원에 응답하실 것이다. 반드시 구원받아야 한다고 구하면 구원받을 것이다. 시온의 언덕으로 가는 길을 찾으리라 마음을 확실히 정한 사람은 반드시 그 길을 발견할 것이다.

나는 죄 용서가 주로 삼손과 같은 심령에 주어진다고 믿는다. '자비의 문'의 기둥을 붙잡고 죽음을 각오하는 간절함으로 매달릴 때, 평화와 안전을 얻을 수 없다면 모든 기둥들을 무너뜨리고 말겠다는 심정으로 매달릴 때 구원이 주어지는 것이다. 극심한 통곡과 눈물, 영혼의 신음, 열정적인 갈망, 그리고 끊임없는 간구와 같은 것들은 예수 그리스도의 보혈을 통해 주님을 찾는 우리의 전쟁에서 승리하게 하는 무기들이다. 아마도 당신이 아직 충분히 마음이 뜨거워지지 않았는지도 모른다. 주님께서 당신을 도와 용맹스런 용사가 되게 하여 성을 정복하는 승리자로 세우시기를 기원한다!

...
We Wait for Light

Chapter 5

우리가 빛을 바라나

"우리가 빛을 바라나 어둠뿐이요 밝은 것을 바라나 캄캄한 가운데에 행하므로"(사 59:9).

진심으로 참된 하늘의 빛을 얻기를 원하며 오랫동안 소망 가운데 기다려 왔는데도 참된 빛을 얻기는커녕 이전보다 상태가 더 나빠져 슬픔에 빠진 사람들이 있다. 그들은 캄캄함에 내몰려 빛이 영원히 들지 않을 것 같은 불안함 속에서 사망의 음침한 골짜기의 어두운 그림자에 갇힌 사람과도 같다. 그들은 자신 안에 본성적인 어둠이 있다는 것을 어느 정도 깨닫고는 빛을 찾고 있다. 그들은 자신들의 어둠에 만족하지 못한 채 빛을 기다리고 있다.

그들 중 일부는 태어나면서부터 가지게 된 본성에 만족하지 못하는 마음을 가지고 있다. 그들은 그들의 본성에 내재하는 악을 발견하고는 기꺼이 그것을 제거하고자 한다. 그들은 자신들의 무지를 발견했으며, 조명받기를 갈망한다. 그러나 그들은 성경을 읽어도 제대로 이해하지를 못한다. 그들은 복음을 듣고서도 복음의 핵심을 제대로 이해하지 못한다. 그들은 이러한 무지에서 벗어나 자신들의 영혼을 구원할 진리를 알고자 갈망한다. 그들은 진리를 단지 이론으로만 아는 것이 아니라 그들 자신의 영혼을 변화시키는 실제적인 능력으로 알기를 원한다. 그들은 위험한 자연인의 상태에서 벗어나 하나님의 자녀가 누리는 영광스러운 자유 가운데 들어가기를 진정으로 원한다.

빛을 찾는 사람들은 그들 속에 올바른 열망이 이제 막 생기기 시작한 최고의 경청자들이다. 그들 속에 존재하는 어둠에 대해 문제를 의식하는 이 사람들은 결코 완전히 죽은 사람들이 아니다. 왜냐하면 지하 묘지에 묻힌 시체들은 밤이나 낮이나 잠만 자기 때문이다. 확신하건대, 어둠의 문제를 의식하는 사람들은 완전히 잠에 빠진 사람들이 아니다. 왜냐하면 진짜로 잠을 자는 사람들은 캄캄하기 때문에 더 깊은 잠을 잘 뿐, 자신들의 잠을 방해하는 태양 빛을 결코 원하지 않을 것이기 때문이다. 어둠의 문제를 의식하는 사람들은 분명 완전히 눈먼 사람들은 아니다. 왜냐하면 진짜로 눈이 먼 사람에게는 강렬한 태양 빛이 온 지면을 감싸든, 캄캄한 흑암이 온 지면을 뒤덮든 아무런 차이가 없기 때문이다. 생각이 조금이라도 바뀐 그들은 어느 정도 각성된 사람들임에 틀림없다. 이것은 결코 작은 복이 아니다.

얼마나 많은 사람들이 영적인 것에 상관없이 그저 그렇게 살아가고 있는가! 말씀을 전하는 설교자로서 이 세대의 영적 각성을 기대하는 것은 매우 어렵다. 그것은 마치 시체와도 같은 사람들로부터 새로운 영혼을 소망하는 것과 같고, 시칠리아산(産) 대리석처럼 단단히 굳어 있는 사람들이 회개의 뜨거운 눈물을 흘리기를 기대하는 것과 같다.

또한 빛을 찾는 사람들은 '빛이 무엇인가?' 하는 질문에 대해 더욱 고상한 생각을 가지고 있다. 그들은 그 빛을 '밝음'이라고 부른다. 그들은 밝음을 기다리는데도 오지 않아 애통해한다. 만약 당신이 영적인 삶에 굉장한 가치를 부여한다면, 곧 당신이 그리스도 안에 있는 유익과 죄 용서, 하나님과의 화평과 진지한 성찰을 측량할 수 없을 만큼 귀한 것으로 여긴다면, 당신은 결코 실패하지 않을 것이다. 당신이 그것의 가치를 지나치게 부풀려 평가하는 것이 아니다. 진실로 하나님을 신뢰하는 사람들이야말로 행복한 사람이다. 하나님의 자녀가 되고 위대한 하나님의 가족의 일원이 된다는 것은 왕들이 그들의 왕관을 주고서라도 바꾸고 싶어하는 은혜임이 분명하다. 당신이 받은 은혜의 복락이 얼마나 큰지 다 측량할 수 없을 정도이다. 나는 당신이 받은 구원의 복을 소중하게 생각하는 마음을 조금도 빼앗고 싶지 않다. 오히려 거룩한 갈망으로 그것을 추구하라고 북돋으려 한다. 구원은 하늘나라가 걸려 있는 놀라운 복이다. 만약 당신이 은혜를 얻었다면, 당신은 천국의 싹(germ), 안전과 보증, 그리고 진실로 영원한 복락 안에 있다.

다시 말하지만, 당신에게는 소망의 증거가 많이 있다. 어둠을 싫어하고 빛을 귀하게 여기는 것은 좋은 증거이다.

셋째, 빛을 찾는 사람들은 이미 이 빛을 얻었다는 소망을 가지고 있다. 사실 그들은 이 빛을 바라며 기다렸지만, 빛 대신 어둠이 왔다는 사실로 실망하였다. 바라던 소망이 이루어지지 않아 놀란 것이다. 그들은 주님의 빛이 자신의 주위를 환하게 비추어 주기를 소망했지만 여전히 어둠 속을 걷고 있는 자신의 모습에 놀랐다. 그런 사람에게 희망의 불꽃으로 격려한다. 절망은 복음을 받아들이는 데 가장 큰 장애물이다. 각성된 죄인들이 자비의 소망을 버리지 않는 한 그들에게는 분명히 소망이 있다.

우리는 소망한다. 오, 진리를 찾는 사람들이여! 당신은 머지않아 보혈로 말미암는 죄 용서를 노래할 것이며, 진주로 되어 있는 문(계 21:21 참고)을 통과하여 복된 사람들 가운데서 사랑하는 이의 얼굴을 마주 볼 것이다. 당신이 혹시 "나에게 이렇게 좋은 일이 일어날 수 있을까?"라고 물을지도 모른다. 그러나 마음을 가라앉히고 생각해 보라. 그날이 되면 당신은 그리스도가 당신의 것이라는 사실로, 비록 가장 형편없는 자리라고 할지라도 그분의 백성들 사이에 당신의 자리가 있다는 사실만으로도 기뻐할 것이다. 그날을 상상해 보라. 당신이 얼마나 열렬하게 당신의 구원자를 사랑하겠는가? 그분의 발에 입을 맞추며 얼마나 기뻐 뛰겠는가? 비천한 자리에서 왕자의 자리로 당신을 끌어올려 주신 그분으로 인하여 얼마나 감사하며 찬양하겠는가? 당신은 더 이상 창문으로 연회장을 들여다

보면서 동경할 필요가 없다. 이제 당신은 연회장으로 들어가 그리스도와 함께 먹고 마시며, 선택된 백성들과 함께 즐거워할 것이다.

빛을 찾는 사람들은 자신의 상황에 대해 하나님께 간절히 기도한다.

"우리가 빛을 바라나 어둠뿐이요 밝은 것을 바라나 캄캄한 가운데 행하므로"(사 59:9).

이것은 내적인 감정의 선언이요 지존자 앞에서 느끼는 고통에 대한 솔직한 심정이다. 비록 당신이 찾는 평화를 아직 발견하지 못했다 하더라도 기도를 시작하는 것은 좋은 일이다. 설령 당신이 아주 형편없이 기도하고 있다고 느끼거나 실제로 거의 기도라고 할 수 없다 하더라도, 하나님께서는 당신의 그런 기도를 판단하시지 않는다. 당신의 신음 소리는 하늘에 이를 것이고, 마음 깊은 곳에서 나오는 한숨과 눈물방울들은 하나님의 보좌 앞에서 효과 있는 무기가 될 것이다. 그렇다. 당신의 영혼이 하나님께 부르짖고 있기 때문이다.

하루를 시작하면서 당신은 자신이 탄식하고 있는 것을 발견할 것이다. "오, 죄책의 짐들이 사라져 버렸으면! 오, 더듬거리는 음성으로라도 주님을 나의 아버지로 부를 수만 있다면!" 밤이면 밤마다, 아침이면 아침마다 이러한 열망들이 계곡을 따라 내려오는 안개처럼 피어오를 것이다. 예수 그리스도 안에서 말로 다 표현할 수 없는 구원의 혜택을 입을 수만 있다면, 당신은 오른팔이라도 잘라 낼 것이며, 오른쪽 눈이라도 뽑을 것이다. 진심으로 하나님과 화목하게 되기를 갈망한다면, 당신의 이러한 갈망이 기도와 간구로 드러날 것이다.

나는 이러한 기도들이 지속되기를 소망한다. 당신이 울부짖는 기도를 결코 쉬지 않기를 바란다. 성령 하나님께서 당신을 끊임없이 신음하고 탄식하게 만드시기를 바란다! 자신의 원한을 풀어 달라고 간절히 탄원했던 과부처럼(눅 18:1-5 참고), 예수 그리스도의 공로로 말미암는 은혜로운 응답이 주어질 때까지 쉬지 않고 간구하기를 바란다.

지금까지 모든 일들이 희망적으로 진행되어 왔다. 그러나 나는 더 많은 것을 기대한다. 왜냐하면 단순히 희망적이라는 것만으로는 충분하지 않기 때문이다. 갈망하거나 추구하거나 기도하는 것만으로는 충분하지 않다. 당신은 실제로 그것을 손에 넣어야 한다. 실제로 당신 자신이 영원한 생명에 붙들려야 한다. 만약 당신이 유효하고 살아 있는 믿음으로 우리 주 예수 그리스도 안에 있는 유익을 확신함으로써 희망적인 단계보다 더 밝고 나은 단계로 나아가지 못한다면, 당신은 절대 평화와 만족과 기쁨을 누리지 못할 것이다.

찬송을 받으신 구세주 안에는 당신에게 필요한 모든 은사들과 은혜들이 예비되어 있다. 오, 당신이 풍성하신 우리 주님 앞으로 나아와 주님으로 말미암아 은혜 위에 은혜를 더하게 되기를 바란다!

마지막으로, 평안을 누리고자 하는 사람들은 하나님 앞에서 자기 자신을 전적으로 정직하게 내드리고자 한다. 그들은 옳든 잘못되었든 자신의 모든 열망을 고백하고, 건강하든 건강하지 않든 자신의 모든 상황을 정직하게 고백한다. 하나님 앞에서 무언가를 감추려고 하는 것은 참으로 악하고 어리석은 태도이다. 우리의 창조주로부터 우리 자신을 숨기려고 하는 모든 시도와 열망은 우리가 얼마나 하나님께 반역하고자 하는지를 보여 줄 뿐이다.

자신의 아픈 부위를 드러내 그곳을 진찰하고 병이 걸린 부위를 도려내게 하라. "저의 몸속 깊은 곳까지 철저히 살피시고, 무슨 악한 것이 있나 보십시오! 제가 얼마나 아파하든지 상관하지 말고 상처를 치료해 주십시오!"라고 소리치라. 바로 그런 사람이 회복될 수 있는 올바른 길에 서 있는 사람이다. 자신의 죄를 하나님 앞에 숨기지 않고 기꺼이 정직하게 고백하며, 자신의 마음을 하나님 앞에 물같이 쏟아 놓으라. 그런 사람에게 소망이 있다. 당신이 지금 어떠한 상황에 처해 있는지를 주님께 듣고, 주님 앞에서 간구하지 않았는가? 답을 발견할 때까지 이러한 기도를 쉬지 않기를 바란다. 아니, 한 걸음 더 나아가 우리 주 예수 그리스도를 통해 곧 하나님과 화목하게 되기를 기대한다.

...
The Invitation

Chapter 6

하나님의 초청

영생을 열망하는가? 배고픔과 목마름으로 영생을 얻기를 갈망하며, 그리하여 영혼을 만족시키고 영원히 살게 되기를 원하는 마음이 당신의 영혼 속에 있는가?

"오소서, 모든 것이 준비되었나이다"(눅 14:17).

모든 것이다. 일부가 아닌 모든 것이다. 이 땅에서부터 천국에 이를 때까지 당신에게 필요한 모든 것들이 하나도 빠짐없이 공급된다. 예수 그리스도 안에, 그분의 인격과 사역 안에 그 모든 것들이 있다. 모든 것들이 준비되어 있다. 죽음에서 살아나고, 죄를 용서받고, 더러움이 깨끗해지고, 벌거벗은 상태에서 옷을 입고, 슬픔 가운데 위로를 받고, 연약함이 강하게 되는 당신에게 필요한 모든 것이 무한하신 그리스도의 사역과 본성 안에 있다. "이것이 없고 저것이 없어서 올 수 없어"라고 말해서는 안 된다.

잔칫집에 가면서 무언가를 준비해서 가려고 하는가? 소금이나 물 같은 것을 가지고 가겠는가? 그렇다면 당신은 당신의 상황이 어떠한지를 모르는 사람이다. 그렇지 않다면 그런 것들을 꿈에도 생각하지 않을 것이다. 위대한 집주인이신 하나님께서 친히 잔치에 필요한 모든 것을 제공하신다. 당신이 준비할 것은 아무것도 없으며, 그저 잔치를 즐기기만 하면 된다. 무언가가 부족하다면 와서 부족한 것을 가져가라. 당신에게 필요한 것에 대한 요구가 크면 클수록, 당신은 그 모든 필요를 단번에 채워 줄 수 있는 곳으로 가야 한다. 당신이 너무나 부족해서 잘하는 것이 하나도 없다고 하더라도, 모든 것이 준비되어 있다.

하나님께서 모든 것을 공급해 주신다면 당신이 거기에 무엇을 더할 수 있겠는가? 하나님의 '모든 것'에 무언가를 더할 수 있다고 생각한다면, 그것은 하나님을 지극히 모독하는 것이다. 위대한 왕이신 하나님께서 하시는 준비와 경쟁하려는 것은 주제넘은 짓이며, 얼마 가지 못할 것이다. 믿기만 한다면,

지옥문 앞에서 은혜가 데려갈 천국문 앞에 이를 때까지 필요한 모든 것들이 우리의 구세주 예수 그리스도 안에서 제공될 것이다.

"모든 것들이 지금 준비되어 있다."

'준비'라는 단어를 곰곰이 생각해 보라. 소들과 살찐 가축들을 잡아 먹을 수 있게끔 손질하였다. 이 고기들은 잔칫집에 나갈 준비를 마쳤으며, 이미 요리되어 식탁 위에 준비되어 있다.

왕은 도축자들에게 특별히 많은 양들과 소들을 잡으라고 명령하였다. 그러나 그것만으로는 잔치 준비가 끝나지 않는다. 도축된 짐승들을 가죽을 벗기고 불에 올려 구울 준비를 한다. 그러나 아직도 준비가 완전히 끝나지 않았다. 고깃덩어리들을 부위별로 잘라 솥이나 화덕에서 굽고, 그 밖에 필요한 모든 것들을 준비하였을 때 비로소 잔치를 베풀 준비가 되었다고 말할 수 있다.

지금이 바로 그때이다. 지금이 잔치가 가장 잘 준비되어 있는 순간이다. 모든 것들이 준비되었다. 당신이 원하는 조건이 정확히 갖추어져 있다. 당신의 영혼에게 만족과 기쁨을 주기에 가장 적합하도록 준비되어 있다. 더 익힐 필요도, 조미료를 더 넣을 필요도 없이 모든 것이 완벽하게 준비되어 있다. 모든 것이 영원한 사랑이 만들어 낼 수 있는 것처럼 완벽하다.

'지금'이라는 단어에 주목하라. 모든 것들이 지금, 바로 지금 이 순간에 준비되어 있다. 알다시피, 실제로 잔칫집에 초청된 손님들이 늦게 오면 주인이 곤란해지곤 한다. 만약 사람들이 30분 정도 일찍 온다면 유감스러운 정도이겠지만, 30분 늦게 온다면 모든 것을 망칠 것이다. 모든 것이 준비되었는데도 초청된 사람들이 더욱 늦는다면, 주인은 굉장히 초조하고 불안해할 것이다. 음식을 아직 굽고 있는 동안에는 '지금 준비'해 나갈 수 없다. 그러나 지금 준비해 나가지 못하는 것보다는 망치는 것이 더 큰 문제이다. 주인은 이런 상황에 처하게 되면 스트레스를 받는다. 모든 것이 '지금' 준비되어 있으므로, 지금 곧 나가야 한다.

하나님은 만약 당신이 7년 늦게 온다면 그때 모든 것을 준비할 것이라고 말씀하시지 않는다. 하나님은 그렇게 오랜 시간이 흐른 후에야 당신이 잔칫집의 즐거움을 맛보게 되기를 원하시지 않는다. 하나님은 바로 지금 모든 것이 준비되었다고 말씀하신다. 하나님은 당신의 마음이 무겁고 생각이 몹시 혼란스럽고 영혼이 방황하고 있는 바로 지금, 모든 것이 준비되었다고 말씀하신다.

만약 죄인이 하나님 앞에 나아올 수 있도록 모든 것이 준비되었다면, "저는 아직 준비가 되지 않았습니다"라고 말하는 것은 무익하다. 사람 편에서 준비해야 할 것은 오직 나아오고자 하는 마음뿐이다. 분명 하나님께서 예비하신 복을 받아들이기만 하면 된다. 다른 준비는 필요 없다. 나아오고자 한다면 그들은 올 수 있고, 올 것이다.

주님께서 기꺼이 사람의 의지를 만져 그리스도를 향한 갈망을 가지도록 하실 때, 진실로 의를 향한 목마름과 배고픔으로 마음이 가득 찬 그때, 필요한 모든 것이 준비된 것이다. 하나님은 당신이 하나님께서 당신에게 주시는 것과 하나님이 필요하다고 느끼면서 기꺼이 그분에게로 나아오라고 요구하신다. 기꺼이 나아오는 것, 그것이 전부이다. 예수님을 믿을 준비를 한다는 것은, 그분이 당신에게 필요한 바로 그 구세주라는 것을 느끼며 기꺼이 자신의 영혼을 그분께 내던지고, 그분을 있는 그대로 받아들일 준비를 하는 것이다. 그것이 전부이다. 다른 준비는 필요 없다. 그리고 사실 아직 잔치에 참여하지 못한 가난한 사람, 눈먼 사람, 두 다리를 절거나 걷지 못하는 사람들은 다른 것을 준비할 수 없다.

본문은 "네가 준비되었으니, 그러므로 오라"라고 말하지 않는다. 그것은 복음을 율법으로 만드는 것이다. 본문은 이렇게 말한다. "모든 것이 준비되었으니, 복음이 준비되었으니, 그러므로 오라." 당신이 준비할 것은 단지 예수님께로 나아오는 것뿐이다. 당신에게 필요한 준비는 성령으로 말미암아 예수님께로 나아오는 것뿐이다.

이번에는 자신의 소유물이나 능력에 상관없이 나아오라고 초청받은 사람들이 신속히 오지 않는 모습을 주목해 보자.

어떤 사람은 땅을 샀기 때문에 오지 못한다고 말한다. 사탄이 영혼과 구세주 사이에 얼마나 높은 벽을 쌓아 올리는가? 죄인과 구세주 사이에 세상에 속한 소유물들과 선행이라는 거대한 장애물을 높이 쌓아 올리고 있다. 어떤 사람은 소유한 땅이 너무 많아서 도저히 그리스도 앞에 올 수 없다고 말한다. 그들은 지나치게 세상을 생각한 나머지 주님을 생각하지 못한다. 또 어떤 사람들은 스스로 자랑스러워하는 선을 행할 곳이 너무 많아서 자신을 상당히 중요한 사람인 양 느끼기도 한다. 그런 많은 사람들은 이미 너무 많은 것을 소유하고 있기 때문에 그리스도에게로 올 수 없다. 할 일이 너무 많고 그것을 잘할 수 있기 때문에 주님께 오지 못하는 사람들도 있다. 한 사람은 소 다섯 겨리를 사서 시험삼아 직접 밭을 갈아 보려고 한다(눅 14:19 참고). 그는 밭을 잘 가는 유능한 사람이었다. 그리고 그 능력 때문에 그는 잔치에 오지 않았다.

수많은 사람들이 자신의 소유와 능력 때문에 은혜로부터 멀어져 있다. 그렇다면 가지지 못한 것이 가진 것보다 잔치를 더 잘 준비하는 것이다. 가난함과 무능력함이 우리를 그리스도께로 이끄는 경우가 얼마나 많은가? 자기 자신이 부요하다고 생각하는 사람은 결코 그리스도에게 나아오지 않을 것이다. 자기가 원하면 언제라도 회개하고 믿을 수 있으며 자기 자신을 위해 필요한 모든 일을 할 수 있으리라고 꿈꾸는 사람은, 그리스도를 믿는 단순한 믿음을 가지고 나아오지 않을 것이다.

당신에게 없는 그 무엇이 아니라, 당신이 가진 그 무엇이 당신을 그리스도에게서 멀어지게 만든다. 죄로 오염된 자아도 악하지만, 스스로 의롭다고 여기는 자아는 일곱 배나 더 악하다. 죄책감을 느끼는 사람은 은혜로부터 잠깐 동안 멀어질 뿐이지만, 자기 의를 가진 사람은 결코 주님 앞에 나아오지 않을 것이다. 값없는 은혜의 잔치로 나아가지 못하게 만드는 그 교만을 하나님께서 거두어 가시기 전까지는 말이다. 이처럼 소유와 명예와 재능과 부유함이 구원자에게로 나아오는 것을 막는다.

한편 개인적인 상황이라는 것은 그리스도에게로 나아오는 데 어떠한 제약도 될 수 없다. 그리스도께 초청을 받는 데는 개인적인 슬픈 상황이 전혀 문제가 되지 않는다.

여기에 가난하고 비참하고 천한 사람들이 있다. 그들은 자기 자신을 복되게 하는 데 한 푼도 쓸 수 없다. 그들의 옷은 다 해졌다. 아니, 더럽고 지저분하기까지 하다. 그들은 존경받을 만한 사람들에게 가까이 나아가기에 합당하지 않은 것처럼 보인다. 주님의 상에 함께하기에도 분명히 아무런 자격이 없어 보인다. 그런데 그들을 데려간 사람들은 그들의 주머니에 무엇이 있는지도 확인하지 않고, 그들이 어떤 옷을 입었는지도 보지 않는다. 그저 그들을 데리고 올 뿐이다. 종들은 그 가난한 사람들을 데려오라는 명령만 받았기 때문이다. 그래서 그들은 잔치에 참여할 수 있게 되었다. 가난함도 그들의 준비됨을 막을 수가 없다.

오, 가난한 영혼들이여! 당신이 물질적으로 가난하든 영적으로 가난하든 그 어떤 가난도 신적인 자비를 받는 일을 조금도 방해할 수 없다. 설령 당신에게 마지막 동전 한 닢만이 남아 있다거나, 심지어 그것마저도 다 써 버리고 당신의 모든 소유가 저당 잡혔으며 빚더미 속에서 남은 것이 아무것도 없어서 영원토록 감옥에 갇혀 있을 수밖에 없는 형편이라고 하더라도, 당신은 올 수 있다.

또 다른 부류로, 몸의 일부를 못쓰게 되어 겉으로 보기에는 전혀 매력적이지 않은 사람들이 있다. 팔이 없거나 한 쪽 눈이 없는 사람도 있고, 코가 없는 사람도 있고, 다리가 절단된 사람도 있다. 그들은 몸의 일부가 없다. 우리는 때때로 그런 사람들을 보면서 얼굴을 돌리거나, 길에서 구걸하는 걸인에게 하듯이 그저 무언가를 동냥해 주어야 할 대상으로 취급하기 일쑤이다. 그러나 그들의 겉모습이 얼마나 심하게 손상되었느냐 하는 것은 전혀 문제가 되지 않는다. 그들이 나아온다면, 어느 누구도 그들의 모습이 볼썽사납다는 이유로 거절당하지 않을 것이다.

그러므로 불쌍한 영혼이여! 사탄이 아무리 당신을 갈기갈기 찢어 놓더라도, 또 말 못할 형편에 처해 살아가기가 부끄럽다고 느끼더라도, 그것이 당신이 그리스도께로 나아오는 것을 막을 수는 없다. 있는 모습 그대로 그분의 은혜의 식탁으로 나아오라. 도덕적인 결함들도 예수님 안에서 곧 바로잡힐 것이다. 아무리 죄 때문에 심각하게 손상되었다고 하더라도 그분에게로 나아오라.

다리를 잃었거나 다리가 있어도 소용이 없어서 다리를 저는 사람들이 있다. 그들은 목발을 짚지 않고서는 올 수 없다. 그렇다고 하더라도 그들이 그리스도께로 나아오는 데 환영받지 못할 이유는 전혀 없다. 혹시 믿기 힘들다면, 예수 그리스도가 당신에게 주고자 하는 놀라운 사죄의 은총을 받는 데 당신이 나아오지 못할 이유가 없다는 것을 생각해 보라. 의심과 불신이 생기더라도 잔치에 나아와 이렇게 말하라. "주님, 제가 믿습니다. 저의 믿음 없는 것을 도와주소서!(눅 9:24 참고)"

눈이 먼 사람들도 있다. 그들은 주님께로 나아오라는 말을 듣지만 길을 볼 수가 없다. 그런 경우에는 단순히 그들 스스로 나오라고 말씀하시지 않는다. 주님은 그들을 부르시되 종들에게 그들을 데려오라고 말씀하신다. 그러므로 눈먼 사람도 나아올 수 있다. 올바른 방향으로 인도를 받기만 하면 된다. 당신이 원하는데도 복음을 충분히 이해할 수 없다면, 혼란스럽고 갈피를 잡을 수 없더라도 예수님의 손을 잡기만 하라. 이해할 수 없더라도 기꺼이 믿으라. 당신의 이해력으로 측량할 수 없더라도 확신을 가지고서 꼭 붙잡으라. 눈먼 사람들, 아무리 어리석은 사람이라 하더라도, 그것 때문에 오지 못하지는 않을 것이다.

길에서 헤매는 사람들도 있다. 그들이 거지일 수도 있고, 막다른 골목에 다다랐거나 도망다니는 사람일 수도 있으며, 혹은 도둑일 수도 있다. 그런데도 그들은 초청받았다. 설령 그들이 노상강도와 같은 사람이라고 할지라도, 그런 상황이나 환경도 그들이 나아와 환대받는 것을 막을 수는 없다. 그들이 집이 없는 사람이든 영적인 방랑자이든 소외된 사람들이든 전혀 문제가 되지 않는다. 모든 것이 준비되어 있으므로 그들은 나아올 수 있다.

누더기 같은 옷을 걸친 채로 오라. 더러운 모습 그대로 오라. 망가진 모습으로 오라. 상처 입은 채로 오라. 온갖 불결함과 더러움과 추함을 가진 채로 나아오라. 모든 것들이 이미 준비되어 있으므로 그런 사람들도 올 수 있다. 아니, 오지 않을 수가 없다.

지금까지 언급한 사람들은 모두 하나같이 자신이 그리스도에게로 나아오기에 적합하지 않다고 생각할 것이다. 그런데 이런 생각이 그들에게 도움이 된다. 사실 우리는 자신을 적합하지 않게 여김으로써 종종 가장 적합하게 되곤 한다. 이처럼 가난하고 헐벗고 눈멀고 몸에 장애가 있는 사람들을 주목해서 보라. 어떤 사람들은 초청받았는데도 땅을 소유하고 있으며 소 다섯 겨리를 가지고 있어서 오지 않는다(눅 14:18,19 참고). 그러나 종이 더러운 옷을 걸친 가난한 사람들에게 가서 "잔치에 오라!"라고 한다면, 그들은 분명히 자기가 땅을 샀고 소를 샀다고 말하지 않을 것이다. 그들은 그럴 수 없다. 그들에게는 땅이나 소를 살 돈이 한 푼도 없다. 그래서 그들은 그러한 유혹으로부터 자유롭다.

그리스도에게로 오라는 초청을 받을 때, "저는 그분을 원하지만, 이미 저는 의로운 사람입니다"라고 말하는 사람은 그분에게로 나아오지 않을 것이다. 나는 우리 주 예수님께서 나에게 오셨을 때 결코 그런 유혹을 받지 않았다. 왜냐하면 나는 나 자신의 의가 전혀 없으며 의를 얻으려고 해도 얻지 못한다는 것을 알았기 때문이다. 우리는 자신이 가진 옷을 전부 다 합치더라도 의의 옷과 함께 꿰맬 수 없다는 것을 알아야 한다. 이것이야말로 예수 그리스도를 받아들이는 데 큰 도움이 된다. 영적인 빈곤함을 느낌으로써 우리가 소유한 것 때문에 그리스도에게서 멀어지지 않을 수 있다는 것은 얼마나 큰 복인가?

  어떤 사람들은 결혼하여 신부가 있기 때문에 나아올 수 없다(눅 14:20 참고). 그러나 장애인이거나 심각한 병에 걸려 몸의 일부를 쓸 수 없는 사람들은 아마도 배우자가 없을 가능성이 크다. 그들이 결혼할 신부를 얻는다는 것은 매우 어려운 일이다. 그렇다면 그들은 그리스도와 멀어질 유혹에서 자유로운 사람들이다. 눈에 보이는 아름다움을 추구하는 사람에게는 그들의 장애가 매력적이지 않을 것이므로, 그들은 그런 식의 유혹을 받지 않을 것이다. 그러나 그들은 영원히 지속되는 어린양의 혼인 잔치에 초청받고, 훨씬 더 나은 그분과 결혼한다. 그들은 세상의 기쁨과 즐거움을 잃은 만큼 가장 좋은 것을 더 얻게 된다. 그들은 기꺼이 그리스도와 가까워지고, 그 안에서 더 큰 기쁨과 평안을 누린다. 적합하지 않은 것처럼 보였던 사람들이 적합한 사람으로 변한다.

  또 어떤 사람들은 이런 핑계를 댄다. "저는 소 다섯 겨리를 샀기 때문에 밭을 갈러 가야 합니다." 그러나 걷지 못하는 사람들은 그렇게 할 수 없다. 종이 와서 그의 어깨를 치면서 "잔치에 오라"라고 말할 때, 그는 "저는 제가 산 소들을 몰고 밭을 갈아야 합니다"라고 말할 수 없다. 그들은 걸을 수 없게 된 이후 한 번도 밭을 간 적이 없기 때문에, 이런 변명을 늘어놓지 못한다. 또한 눈먼 사람들은 "제가 땅을 샀기 때문에 그 땅을 보러 가야 합니다"라고 말하지 못한다. 그들은 안목의 정욕으로부터 자유롭기 때문에, 오히려 잔치에 참석하기가 더욱 쉽다.

영혼이 자신의 죄악됨과 비참함을 느끼고 소유를 잃어버릴 때, 이것들이 그리스도에게로 나아가는 것을 방해하리라 생각하는가? 그러나 오히려 그것은 그리스도에게로 나아가는 데 도움이 된다. 왜냐하면 이러한 불리한 상황들이 그리스도 외에 다른 것들을 바라보지 않게 하며, 변명거리들을 제거하고, 은혜로 말미암는 구원을 자유롭게 받아들이도록 만들기 때문이다.

그렇다면 거리에서 헤매는 사람들은 어떠한가? 내가 느끼기에, 그들은 이미 그리스도에게 나아오기 시작한 사람들이다. 적어도 그들은 자신들의 집을 떠나왔다. 만약 그들이 거리에서 구걸하는 사람들이라면, 그들은 풍성한 만찬이 준비된 잔치에 참석하라는 초청을 받아들이기에 더욱 알맞게 준비된 것이다. 왜냐하면 그것이야말로 그 사람이 가장 간절히 구하는 바이기 때문이다. 자신의 집에서 나온 사람은 아무리 심각한 죄인이라 하더라도, 자기 의에 빠져서 자기 자신을 자랑하는 사람들보다는 그리스도에게 나아오는 데 더욱 유리한 것이다.

...
Something To Be Set Right

Chapter 7

믿음으로 나아가 고침 받으라

사람이 잘못을 저질렀는데도 아직 그것을 고백하지 않았다면, 이 얼마나 잘못된 일인가? 또는 자신의 잘못을 고백했지만 적절한 부끄러움을 느끼지 못하거나, 잠시 부끄러워하더라도 개가 그 토한 것을 다시 먹는 것같이 바로 이전의 악으로 되돌아간다면(잠 26:11 참고), 그의 깊은 도덕적 본성이 얼마나 악한 것이겠는가? 그 사람은 얼마나 심각하게 병들어 있겠는가? 죄를 죄로 느끼지 않는 것이야말로 그 사람이 심각한 죄인임을 보여 주는 것이 아닌가? 사람이 죄를 범한 후에 그것을 알고 비통한 심정으로 회개하면서 자신이 범한 악한 죄를 고백한다면, 어떤 측면에서 그에게 희망이 있지 않겠는가? 그에게 병을 떨쳐 버릴 수 있는 생명력이 있다는 것이 참으로 유익하지 않겠는가? 그러나 악한 사람들은 중대하고도 정당한 이유 없이 악한 일을 저지르고서도 잠시도 자신의 잘못을 인식하지 못하며, 오히려 동일한 악을 반복해서 저지른다. 그런 사람에게서 어떤 선을 발견할 수 있겠는가? 그가 완전히 나쁜 사람인가? 당신이 바로 그와 같은 사람이다.

당신이 하나님과 바른 관계를 맺고 있다면, 당신은 아버지의 발 앞에 무릎을 꿇을 것이다. 그리고 용서받기 전까지 결코 일어나지 않을 것이다. 당신의 죄가 용서받았다는 확신을 가지기 전까지는 밤낮으로 눈물을 흘릴 것이다. 그러나 당신의 마음이 다이아몬드처럼 단단하게 굳어 있고 맷돌처럼 아무것도 느낄 수 없다면, 당신이야말로 치료가 절박하게 필요한 사람이요, 그리스도가 구원을 베푸시고자 하는 사람이다. 왜냐하면 그리스도가 이 땅에 오신 것은 의인을 부르려는 것이 아니라 죄인들을 불러 회개하게 하려는 것이고, 치료가 필요 없는 사람들이 아니라 당신과 같이 치료가 절박하게 필요한 사람들을 구원하기 위한 것이기 때문이다(마 9:13; 막 2:17 참고).

당신에게 치료가 필요하다는 사실을 증명이라도 하듯이, 당신은 기도할 수 없는 상태이다. 최근에 당신은 기도하기 위해 많이 노력하였다. 그리고 기도할 수 있게 되기를 원하며, 무릎을 꿇고 기도하려고 했다. 그러나 정작 당신의 마음은 하나님과 이야기하지 않는다. 끔찍한 두려움이 당신을 덮치고 경박한 생각이나 헛된 생각들이 계속해서 마음을 빼앗아 간다.

"오, 내가 회개의 눈물을 한 방울이라도 흘릴 수 있다면, 천 파운드를 준다고 해도 아깝지 않으리라. 가엾은 세리가 '하나님이여, 불쌍히 여기소서. 나는 죄인이로소이다'(눅 18:13)라고 기도했던 것처럼 내가 하나님을 부를 수만 있다면, 내 눈이라도 뺄 수 있으리라."

한때 기도를 세상에서 가장 하기 쉬운 일이라고 생각했지만, 지금은 참된 기도가 자신의 능력 밖의 일임을 알게 되었다.

당신이 셀 수 없이 많은 악한 것들과 형편없는 것들에 사로잡혀 하나님께 자비를 구할 수 없게 되었다면, 당신은 정말로 치료받아야 한다. 다시 한번 말하지만, 예수님은 치료가 필요한 사람들을 고쳐 주셨다(눅 9:11 참고). 그렇다면 그분이 당신도 고치시지 않겠는가?

당신은 선한 것들에 대한 당신의 갈망이 너무나 자주 꺾여 버리는 것을 느낄 것이다. 아마도 오늘은 무언가를 진실한 마음으로 갈망하지만, 내일은 늘 그랬던 것처럼 이전의 모습으로 돌아와 버린 자신의 모습을 발견할 것이다. 그다음 날이 되면 당신은 방으로 들어가 하나님과 더불어 씨름할 것이다. 그러나 이내 유혹이 찾아오고, 마치 신령한 것들의 가치를 한 번도 제대로 알지 못했던 것처럼 부주의하게 행하는 자신을 발견하게 될 것이다. 이것이야말로 당신이 치료받아야 한다는 증거이다. 영원을 소홀히 하거나 심판과 죽음을 대수롭지 않게 여기고 지옥의 위험 앞에서 안일하다면, 당신의 마음은 정말로 치료가 필요한 상태에 이른 것이다. 나는 당신이 처한 상황 때문에 가슴 아파하면서도 한편 다음과 같이 말할 수 있어서 기쁘다. "주님께서는 치료가 필요한 사람을 고치신다."

때때로 당신은 나쁘다는 것을 알면서도 자기 자신이 회개했다는 것을 내세워 하나님의 면전에서 자신을 정당화하려고 시도한다. "나는 회개했거나 적어도 회개하려고 노력했다. 나는 기도했거나 적어도 기도하려고 했다. 나는 구원받기 위해 내가 할 수 있는 일을 모두 했다. 그런데도 하나님은 나를 구원하시지 않는다." 이렇게 당신은 구원받지 못한 책임을 하나님께 떠넘기고, 하나님 앞에서 자신을 의롭게 만들려고 시도한다.

당신은 이것이 잘못임을 안다. 만약 당신이 구원받지 못했다면, 그것은 당신이 예수님을 믿지 않았기 때문이다. 오직 이유는 이 한 가지이다. 당신이 구원받지 못하는 것은 하나님이 아니라 당신 때문이다. 그것은 예수님을 믿지 않은 당신의 고의적인 악함 때문에 필연적으로 나타나는 결과이다. 그런데도 자신을 변명할 정도로 당신이 악한 상태에 이른 것이다. 그러므로 당신에게는 치료가 필요하다. 구원이 절실히 필요하다.

자신을 변명하는 데 시간을 보내면 보낼수록 당신은 정반대 방향으로 달려갈 수밖에 없다. 그것은 당신이 스스로 자신이 가망 없는 죄인이요, 지옥에 가야 마땅하며, 하나님에게서 결코 용서받을 수 없다고 선언하는 것과 같다. 그것은 곧 하나님의 자비를 거부하는 것이며, 당신을 깨끗하게 하고 용서하시는 그리스도의 능력을 부인하는 것이다. 또한 그것은 하나님의 말씀에 대항하여 하나님을 거짓말쟁이로 만드는 것이다.

하나님께서 "예수님을 믿는다면 평화를 찾게 될 것이다"라고 말씀하시는데도 당신은 "저에게는 그 어떤 평화도 있을 수 없습니다"라고 이야기한다. 하나님께서 단 한 사람도 거절하지 않는다고 상기시키시는데도 당신은 하나님께서 당신을 거절하실 것이라고 말한다. 이것은 하나님의 정직하심과 신실하심을 부인함으로써 영원하신 그분을 모욕하는 것이다. 당신이 악한 절망감을 이겨 낼 수 없다고 생각하고 그것을 허용한다면, 당신은 정말 멀리까지 나간 것이다. 정말로 그렇다. 바로 그때가 참으로 치료가 필요한 순간이다.

예수님께서 여전히 치료받고자 믿는 무리 가운데 계심을 인하여 기뻐하라. 주님께서 치료가 필요한 사람을 위해 오셨으며, 당신이 그들 중 하나라는 사실을 부인할 수는 없을 것이다. 심지어 사탄까지도 감히 당신에게 치료가 필요 없다고 뻔뻔하게 거짓말을 하지는 못할 것이다. 자신을 좋은 사람으로 만들려는 시도를 멈추고, 자기 자신을 구세주의 품 안으로 던질 수만 있다면 얼마나 좋겠는가? 내가 말한 모든 것들을 시인하고, 온 세상의 죄를 지고 가신 하나님의 어린양에게로 죄인으로서 나아가라.

치료가 필요하다는 사실을 기억하기 바란다. 당신의 이 모든 죄악들과 모든 악한 성향들과 악한 생각들을 치료받지 않는다면, 확언하건대 당신은 지옥에 던져질 것이다. 이런 진리를 설교하는 것이 나에게는 무엇과도 비교할 수 없는 고통이다. 그러나 잘못을 알고 진리를 깨달았다고 하더라도 예수 그리스도를 믿지 않는다면 영원히 저주받을 수밖에 없다. 당신이 눈물을 흘린다고 해서 그리스도가 가까이 계신 것이 아니다. 또한 당신의 비참한 생각과 잔인한 절망들로부터 안식처와 희망을 찾아서도 안 된다. 믿지 않으면 절대 제대로 설 수 없다. 그리스도에게로 나아오지 않고서도 죄를 확신하고 의와 심판을 깨달을 수 있다. 그러나 이러한 확신과 깨달음은 당신에게 멸망의 전조가 될 뿐이다.

당신 자신을 '구도자'라고 부른다고 하더라도, 구도자로 머물러 있는 동안에는 당신은 하나님의 대적일 뿐이며, 하나님은 날마다 당신에게 분노를 쏟으실 것이다. 당신이 아무리 상한 심령과 부드러운 마음을 가지고 있다 하더라도 다른 길은 없다. 오직 한 가지 길만 있다. 믿으라. 그리하면 살 것이다. 믿지 않는다면, 반드시 멸망할 것이다. 당신의 심령이 상하고 눈물로 참회한다 하더라도, 그것들은 결코 그리스도의 자리에 설 수 없다. 예수님을 믿어야만 한다. 그렇지 않으면 영원히 죽게 될 것이다.

당신의 상황을 특별히 여길 필요가 없다. 기억하라. 예수님께서는 당신의 그 상황 가운데서 구원을 베푸셨다. 당신은 아마도 자신이 처한 상황이 너무나 특별하다고 여길지도 모른다. 그러나 신약성경 어딘가에서 당신이 처한 것과 같은 상황을 발견할 수 있을 것이다. 만약 당신이 죄악으로 가득 차 있다면, 일곱 귀신 들린 막달라 마리아를 구원하신 예수님을 보라(눅 8:2 참고). 당신의 사악함이 일곱 귀신보다 더 악하게 느껴질 수도 있다. 그렇다면 거라사 지방에서 군대 귀신을 몰아내신 예수님을 기억하라(눅 8:26-39 참고). 기도할 수 없다면, 말 못하게 하는 귀신을 쫓아내 말할 수 있게 하신 예수님의 사역을 보라(눅 11:14 참고). 마음이 단단하게 굳어 아무것도 느끼지 못할 때도 우리 주님께서 말 못하게 하는 귀신을 쫓아내셨다는 사실을 기억하라. 믿을 수 없다면, 손이 말라 쓸 수 없는 사람이 예수님께서 명령하실 때 손을 내밀었다는 사실을 기억하라(눅 6:6-10 참고). 당신은 죄 가운데 죽어 있다고 말하겠지만, 예수님은 심지어 죽은 사람도 살리신다. 당신의 상황이 다른 데서 찾아볼 수 없을 만큼 심각하다고 말할지도 모르지만, 그리스도께서 이미 그러한 것들을 정복하셨다.

기억하라. 그리스도는 당신을 구원하실 수 있다. 이 세상의 역사 속에서 예수님이 실패하셨다는 기록은 단 한 줄도 없다. 만약 내가 방황하는 한 영혼이 자신을 오직 그리스도에게 맡겼는데도 죄를 용서받지 못한 것을 보았다면, 보배로운 피를 의지했는데도 구원을 발견하지 못한 채 고독한 영혼이 지옥에 떨어진 것을 보았다면, 복음은 어둠에 둘러싸여 더 이상 영광스럽지 못할 것이다. 그러나 그런 일들은 일어나지 않았다. 그리고 앞으로도 일어나지 않을 것이다.

죄인이여, 결코 당신이 최초로 죄를 용서받지 못한 사람이 되지 않을 것이다. 당신이 그리스도에게로 나아온다면, 전적으로 단순히 오직 그분만을 믿으면서 나아온다면, 당신은 망할 수 없다. 주님께서 "내게 오는 자는 내가 결코 내쫓지 아니하리라"(요 6:37)라고 말씀하셨기 때문이다. 이렇게 말씀하신 주님께서 거짓말을 하시겠는가? 감히 그렇게 생각하는가? 오라. 그분은 결코 내쫓지 않으실 것이다.

잠시 생각해 보라. 죄인이여! 이것이 당신에게 평안을 줄 것이다. 나는 지금 당신의 영혼을 치료하는 하나님의 말씀을 전하고 있다. 하나님께 무엇이 불가능하겠는가? 하나님께서 용서하실 수 없는 죄가 있겠는가? 만약 천사들이 당신의 죄악들을 다루어야 한다면, 천사장 가브리엘의 능력으로도 이 죄악들을 감당할 수 없을 것이다. 그러나 당신의 죄를 다루시는 분은 천사가 아니라 구원을 위해서 오신 임마누엘 하나님이시다.

하나님의 뜻을 결코 의심해서는 안 된다. 하나님이 사람이 되셨다는 말씀을 들어 보았는가?

"여인의 온유함을 가지고 계시며

마음은 부드럽고

사랑으로 넘친다네!"

주님에게서 무자비함이란 찾아볼 수가 없다. 간음하다가 현장에서 잡힌 여자가 주님 앞에 섰을 때 주님은 뭐라고 말씀하셨는가?

"나도 너를 정죄하지 아니하노니 가서 다시는 죄를 범하지 말라"(요 8:11).

우리 주님은 사람들에게서 죄인과 함께 먹고 마신다는 말을 들으셨던 분이다(눅 15:2 참고). 그분은 전혀 변하지 않으셨으며, 지금은 하늘에서 통치하고 계신다. 그분은 땅에 계실 때와 마찬가지로 지금도 죄인들을 기꺼이 받아 주신다.

예수 그리스도의 속죄가 꾸며 낸 이야기인가? 영원하신 하나님의 아들의 죽음이 아무런 효력도 없단 말인가? 예수님은 우리의 죄를 감당하기에 충분한 능력을 가지고 계신다. 죄로 물들고 타락한 영혼들이여, 와서 씻으라. 와서 씻으라! 주님의 정결한 보혈을 믿음으로 만지는 바로 그 순간에 당신은 즉시 깨끗해질 것이다.

예수님께서는 당신의 믿음을 요구하신다. 우리 예수님은 그렇게 요구하실 수 있는 분이다. 당신은 치료가 필요하다. 우리 주님은 치료가 필요한 사람들을 치료하기 위해 오셨다. 우리 주님은 당신을 치료하실 수 있다. 당신이 치료받고 모든 죄를 용서받고 구원받기 위해서는 어떻게 해야 하는가? 당신 자신의 노력을 내려놓고, 주님이 당신을 위해 일하시게 하라. 당신 자신을 바라보거나 다른 사람들을 바라보지 말고, 와서 당신 자신을 주님께 맡기라.

그런데도 당신은 "오, 그러나 저는 믿을 수가 없습니다!"라고 말한다. 믿을 수 없다니, 그 말이 무슨 뜻인지 아는가? 당신은 지금 주님을 거짓말쟁이로 만들고 있다. 당신이 어떤 사람에게 "나는 당신을 믿지 못합니다"라고 말한다면, 그것은 곧 "당신은 거짓말쟁이입니다"라고 말하는 것과 같다. 그리스도께 감히 그렇게 말해서는 안 된다.

나의 친구여! 당신의 손을 잡고 말한다. 반드시 주님을 믿어야만 한다. 어떻게 하나님이신 그분을 의심할 수 있겠는가? 죄인들을 위해서 죽으신 예수님의 보혈의 능력을 어떻게 의심하겠는가? 약속을 주신 우리 주님의 말씀을 믿지 않음으로써 그분을 모욕하겠는가?

물론 당신은 "아니요"라고 대답할 것이다. "저는 제가 믿고 신뢰해야만 한다는 것을 알고 느낍니다. 그러나 제가 가지고 있다고 생각하는 이 믿음이 제대로 된 것일까요? 믿음은 자연스럽게 생겨나는 것이 아닙니까?"

오, 나의 친구여! 예수님을 겸손하게 신뢰하는 일은 자연인에게는 결코 일어나지 않는다. 가난한 영혼과 그리스도 안에서의 믿음은 언제나 성령의 열매이기 때문이다. 이것에 대해 질문할 필요가 없다. 사탄이나 단지 자연적인 본성으로는 결코 사람이 자신을 비우고 예수님께로 나아가지 못한다. 그러나 너무 걱정하지 말라. 성령께서 반드시 나를 이끌어 그분을 믿게 하실 것이라고 믿으라. 물론 당신은 성령을 볼 수 없다. 성령의 사역은 신비하고 감추어져 있기 때문이다. 당신이 해야 할 일은 예수님을 믿는 것뿐이다. 하나님이신 동시에 고난당하는 사람으로 계신 우리 주님, 속죄 사역을 이루신 우리 주님께서 자신을 믿으면 구원받을 것이라고 말씀하시지 않는가? 그분을 믿어야 한다. 그분을 결코 의심해서는 안 된다. 왜 당신은 그분께서 하신 일을 의심하려 하는가?

"믿으라!

당신을 위하여 하나님께서 자기 아들을 주신

그 증거가 참됨을."

만약 그분을 믿는다면, 당신의 믿음이 어디서 오는지를 물을 필요도 없다. 그 믿음은 보이지 않게 일하시는 성령으로부터 오며, 성령께서는 택하신 자들의 마음속에서만 일하신다. 그러므로 당신이 성령의 사역의 열매를 보게 된다면, 그것으로 충분하다. 예수가 그리스도이심을 믿는가? 그렇다면 당신은 하나님으로부터 난 사람이다. 당신 자신이 물에 가라앉든 헤엄을 치든 간에, 그분께 맡겼다면 당신은 분명히 구원받은 것이다.

우리는 총살당하기 전에 구원받은 한 사람에 대한 이야기를 알고 있다. 그는 스페인 법정에서 사형을 선고받았다. 그런데 그가 미국 시민권과 영국 영주권을 가지고 있었기 때문에 두 나라의 영사들이 중재를 요청하면서 스페인 정부에 그를 죽일 권한이 없음을 선언했다. 미국과 영국의 영사들은 그를 구하기 위해 어떻게 했는가? 그들은 그의 몸을 그들 나라의 국기인 성조기와 영국 국기로 덮었다. 그러고는 사형 집행인에게 이렇게 외쳤다. "쏠테면 쏴 보시오. 그러나 만약 당신이 총을

쏜다면, 당신은 이 국기들이 상징하는 나라들을 무시한 것이 될 것이며, 이 두 나라들의 강력한 힘을 불러오게 될 것이오." 그 사람 앞에는 군인들이 서 있었고, 한 발의 총알로 그의 삶이 끝나 버릴 수도 있었다. 그러나 그는 강철로 된 옷을 입고 있는 것처럼 안전하게 보호받을 수 있었다.

이와 같이 예수 그리스도께서는 주님을 믿는 순간에 내 영혼의 죄책을 가지고 가셨으며, 속죄의 보혈로 물든 깃발로 나를 덮으셨다. 대속의 피로 덮였는데도 하나님께서 멸망시키실 것이라고 믿는 사람은 아들을 모욕하고 아들의 희생을 불명예스럽게 만드는 사람이다. 하나님께서는 결코 그렇게 하시지 않는다. 주님의 이름에 영광을 돌린다.

Hindrances to Coming to the Light

빛으로 나아오는 것을 막는 장애물

 당신은 당신의 영혼을 위태롭게 만드는 죄악을 품은 채 살아가고 있다. 한 외과 의사가 자기가 맡은 환자의 다리에 생긴 염증을 치료하기 위해 신체의 각 부위를 세밀하게 살펴보지만, 다리의 염증이 치료되지는 않는다. 의사가 각 뼈들이 제 위치에 있는지를 조사해 보지만, 명백하게 염증을 일으키는 원인이 무엇인지를 알 수 없고, 상처는 나을 것 같지 않다. 그 의사는 조사에 조사를 거듭하지만, 수술용 메스로 절개하여 이물질을 발견하기 전까지는 아무런 진전이 없다. "여기군요." 그 의사는 말한다. "여기에 총알이 박혀 있어요. 이 총알을 반드시 꺼내야 합니다. 그렇지 않으면 상처가 결코 낫지 않을 것입니다." 그렇다. 지금 나도 당신 안에 있는 비밀스러운 것들을 발견해 내는 검사를 할 것이다. 그리고 발견되면 그것을 밖으로 꺼내야만 한다. 만약 그렇게 하지 않으면 당신은 반드시 죽을 것이며, 결코 하나님과 화목하게 되리라 기대할 수 없을 것이다.

당신은 여전히 탐욕스러운 주정뱅이로 술독에 빠져 있을 것이다. 술주정뱅이가 하나님과 평화라니? 당신이 몇 년 전에 당신을 힘들게 한 사람과 말하는 것을 꺼려한다면, 당신은 하나님과 화목하게 되기를 기대할 수도 없다. 자신도 남을 용서하지 않으면서 어떻게 용서받기를 기대하겠는가? 거꾸로 생각하면, 당신이 하는 거래는 의심스러운 거래이다. 감히 하나님께서 강도를 받아 주실 것이라고 기대할 수 있단 말인가? 당신은 하나님 앞에서 강도요 거짓말쟁이이다. 당신은 물건 열다섯 개를 스무 개라고 속이지 않는가? 여전히 사기꾼인 당신이 어떻게 하나님께 친구가 되어 달라고 할 수 있는가? 당신은 악행을 저지르고 더러운 길로 가면서도 하나님께서 당신에게 미소를 지으시리라 생각하는가? 아마도 당신은 거만한 마음으로 가득 차 있을 것이다. 또는 아주 게으른 성향을 지니고 있을 것이다. 당신 안에 어떤 종류의 악들이 있든지 간에 그것을 반드시 밖으로 꺼내야 한다. 그렇지 않으면 결코 하나님의 평화가 당신에게로 들어갈 수 없다.

자, 이제 당신은 기꺼이 죄를 포기하겠는가? 그렇지 않겠다면, 당신에게 그리스도에 대해 말하는 것은 시간 낭비일 뿐이다. 왜냐하면 그분은 죄 가운데 거하는 사람들의 구세주가 되실 수는 없기 때문이다. 그분은 자신의 백성들을 죄에서 구원하기 위해 오신 것이지, 죄 가운데 두기 위해 오신 것이 아니다. 만약 당신이 사랑하는 죄에 계속해서 집착한다면, 속지 말기를 바란다. 당신은 결코 천국문 안으로 들어가지 못할 것이다.

왜 어떤 사람들은 빛을 발견하지 못할까? 아마도 그들이 하나님과의 화목을 간헐적으로 구했기 때문일 것이다. 진지한 설교를 듣는 동안에는 각성되었다가 설교가 끝나고 나면 예전으로 돌아가 버린다. 게으름뱅이가 졸다가 다시 잠자리로 들어가듯이 말이다. 당신은 아픔이 다가오거나 가족들 중 누군가가 죽었을 때는 자기 자신을 열심히 돌아보지만, 얼마 지나지 않아 이전처럼 부주의한 모습으로 다시 퇴보해 버리지 않는가? 육상 경기에서 승리하는 사람은 초반에만 빨리 달리는 사람이 아니라 끝까지 빠른 속도를 유지하는 사람이다. 이것을 기억하라.

누구든지 헛된 것과 거짓된 것을 마음속에 둔 채로 그리스도를 가끔씩 생각하는 것으로는 그분을 얻을 수 없다. 반드시 그리스도를 가지고자 하는 사람들만이 그리스도를 가지게 될 것이다. 반드시 지금 그리스도를 갖고자 원하며 온 마음을 그리스도께 드리는 사람, "그분을 찾을 때까지 나는 찾을 것이고, 그분을 찾게 되면 결코 그분을 보내지 않을 것이다"라고 외치는 사람만이 그리스도를 찾게 될 것이다.

진지한 영혼들이 이 수준에 머무르는 가장 큰 이유에 대해 생각해 보자. 그것은 바로 그들이 단순하면서도 분명한 복음의 법칙에 순종하지 않기 때문이다.

"주 예수를 믿으라. 그리하면 너와 네 집이 구원을 얻으리라" (행 16:31).

나는 이 한 가지 사실을 그들에게 일깨워 주고 싶다. 그들은 의심이나 두려움과 싸울 필요가 전혀 없다. 우리가 그렇게 할 수도 있겠지만, 우리가 그렇게 하도록 부름을 받았는지는 모르겠다. 분명한 사실은, 하나님께서 평화의 길을 제시하고 계시는데도 당신이 그것을 가지지 못한다는 것이다. 하나님께서는 예수님을 믿으면 살 것이라고 말씀하신다. 그러나 당신은 그리스도를 믿지도 않으면서 살 소망을 가지고자 한다. 바로 그것이 문제이다. 하나님께서는 당신에게 자신의 사랑하는 아들을 계시하시면서 "그를 믿으라"라고 말씀하신다. 그리고 덧붙여서 이렇게 말씀하신다.

"하나님을 믿지 아니하는 자는 하나님을 거짓말하는 자로 만드나니"(요일 5:10).

감히 하나님을 거짓말쟁이로 만들려고 하는가? 당신이 불신앙의 상태에서 살아간다면, 적어도 그 순간만큼은 하나님을 거짓말쟁이로 만드는 것이다! 이것이야말로 우리가 할 수 있는 가장 극악무도한 일이 아닌가? 하나님과 화목하게 되는 길을 찾는 죄인들이 이런 선입견을 가진다는 것은 얼마나 놀라운 일인가?

내가 당신의 손을 잡고 당신의 눈을 집중해서 바라보고 있다고 가정해 보자. 나는 당신이 오래된 슬픔 때문에 냉담해진 채로 영원한 잠에 빠지게 될까 봐 두렵다. 당신은 지금껏 평안을 찾아왔지만, 아직 그 평안을 발견하지 못했다. 당신이 얼마나 불행한 상태에 있는지 모른다. 당신은 아직 하나님과 화목하게 되지 못했다. 당신의 죄악들은 형벌을 요구하고, 당신은 날마다 하나님의 진노의 대상으로서 살아간다. 당신은 이런 상황을 견딜 수 있는가? 당신을 사로잡고 있는 이 절망의 도시에서 벗어나기 위해 어떤 조치가 취해져야 하지 않겠는가?

날마다 당신이 놓치고 있는 행복들을 생각해 보라! 당신이 믿음으로 그리스도를 붙잡는다면, 모든 지각에 뛰어난 평강과 기쁨을 소유하게 될 것이다(빌 4:7 참고). 그런데도 당신은 이토록 비참한 지하 감옥과 같은 곳에서 애를 태우고 있다. 정오의 태양이 빛을 발하고, 아름다운 꽃들이 활짝 피고, 모든 것들이 기쁨으로 당신을 인도하기를 원하는데도 당신은 어둠 속에서 수년을 보내고 있다. 오, 불신앙으로 인해 당신이 잃어버린 기쁨들이여! 왜 이렇게 악한 상태로 많은 시간을 보내고 있는가? 당신은 어떤 유익한 일을 행했는가? 오, 만약 당신이 한 달 전에 예수 그리스도를 볼 수 있었다면, 어둠 속에 홀로 앉아 있는 대신 당신에게 평화를 가져다준 사랑스러운 십자가를 다른 사람들에게 전하며 그들을 그리스도께로 인도했을 것이다.

당신이 날마다 범하고 있는 죄가 무엇인가? 날마다 불신자로 살아가는 것은 날마다 그리스도의 능력을 부인하는 것이고, 그리하여 그분의 영광에 해를 입히는 죄이다. 당신 속에 계신 성령께서 일어나 아버지께로 가도록 당신을 몰아가시지 않는가? "나는 일어나 아버지께로 갈 것이다!"(눅 15:18 참고)

만약 당신의 영혼에서 이러한 생각들이 꿈틀댄다면, 그 생각을 억누르지 말고 따르라. 일어나서 가라. 당신은 오늘 해가 지기 전에 아버지의 넓은 품에 안기게 될 것이다.

마음이 굳어지고 있는데도 거기에 얼마나 무감각한가! 더 나아지지 않는다면, 당신은 반드시 작년보다 더 나빠질 것이다. 당신에게 힘을 주었던 약속들도 더는 당신에게 평안을 주지 못할 것이다. 한때는 당신을 두렵게 했던 위협들이 이제 더는 심각한 경고로 다가오지 않는가? 계속 빈둥거리면서 지내겠는가? 상황이 나아지기를 기다려 왔지만, 오히려 더 나빠지기만 한다. 당신은 한때 "좀 더 형편이 좋아지면 오겠습니다"라고 말했지만, 시간이 흘러도 상황이 좋아지기는커녕 이전보다 더 나빠지고만 있지 않은가? 오늘 당신은 예전보다 한층 더 깊고 비열한 의심의 희생자가 되어 버렸다.

오, 진리 그 자체이신 그분을 믿는다면 얼마나 좋을까! 오, 결코 속일 수 없는 그분, 신뢰할 수밖에 없는 그분을 신뢰한다면 얼마나 좋을까! 나는 그런 날이 속히 오기를 지금 이 순간에도 기도한다. 먼지를 털고 일어나서 아름다운 옷을 걸치라. 영혼을 갉아먹는 의심에 빠져 있는 동안, 당신은 절망의 족쇄를 차고 있는 것과 같다. 그동안 당신의 눈이 더 흐릿해지고

두 팔이 마비되며, 당신 안에 있는 독이 혈관을 타고 맹렬하게 퍼질 것이다. 저기에 구세주의 십자가가 있다. 당신에게 효력 있는 그분의 보혈이 있다. 지금 예수님을 믿으라. 그 순간 평화 가운데 들어가게 될 것이다. 구세주의 품에 자기 자신을 맡기는 사람들을 향해 자비의 문이 활짝 열려 있다. 오, 왜 당신은 기다리고만 있는가? 그것은 당신에게 손해만 끼치는 태도이다. 해가 지고 있다. 서두르라. 나그네들이여! 그렇지 않으면 영원한 밤이 닥쳐올 것이다.

당신 주변에는 예수님을 믿고서 빛을 발견한 사람들이 있을 것이다. 그들도 한때는 당신과 같이 실망했었지만 지금은 영혼의 쉼을 발견했다. 그들은 있는 모습 그대로 예수님께 나아왔다. 그리고 지금 이 순간 그들은 당신에게 주님 안에서 만족을 누리고 있다고 말할 것이다. 다른 사람들도 이러한 평화를 발견했다면, 당신은 왜 발견하지 못하겠는가? 예수 그리스도는 여전히 동일하시다. 우리 주님이 죄인을 거절하는 것은 주님에게 유익이 되지 않는다. 구원받고자 하는 사람들을 멸망시키는 것은 하나님의 영광을 위한 일이 아니다. 하나님은 독생자의 희생 안에서 겸손히 평안을 받아들이는 사람들을 통해 영광과 영예를 얻으신다.

무엇이 당신을 붙잡고 있는가? 당신은 부르심을 받았다. 오라! 오라는 요청을 받았기에 당신은 와야 한다. 법정에서 증인들의 이름이 불리면, 증인은 법정 구석에 앉아 있다가도 즉시 일어나 당당하게 걸어 나가 증인석에 앉는다. 어느 누구도 "이 사람이 왜 이리로 오는 거지?"라고 말하지 않는다. 누군가가 "당신은 누구입니까?"라고 묻는다면, "제 이름이 불렸습니다"라는 대답만으로 충분하다. "그런데 당신은 부유하지 않아 보이는군요. 손가락에 금반지도 없군요." "아니, 그것이 문제가 아니라 제 이름이 불렸다는 것이 중요합니다." "그런데 당신은 유명 인사도 아니고, 계급이 높지도, 성품이 뛰어나지도 않지 않습니까?" "그것은 상관없습니다. 제 이름이 불렸습니다. 길을 열어 주십시오." 그러면 길이 만들어진다. 의심과 두려움들이 길을 열어 준다. 그리스도가 부르셨기 때문에 지옥의 악마들도 길을 열어 준다. 죄인들이여, 오라! 비록 당신을 꾸밀 만한 것이 전혀 없지만, 성경에 이렇게 기록되어 있지 않은가?

"내게 오는 자는 내가 결코 내쫓지 아니하리라"(요 6:37).

오라! 우리 주님께서 그리스도를 위하여 당신에게 복을 주실 것이다.

...

Seekers Encouraged: The Substitute

Chapter 9

대속자로 말미암는 위로

 기독교의 진수와 핵심은 '대속 교리'에 있다. 나는 소위 '그리스도인' 중 많은 사람들이 사실은 전혀 기독교인이 아니라고 주저없이 말한다. 왜냐하면 그들은 기독교의 근본 교리들을 이해하지 못하기 때문이다. 안타깝게도 많은 설교자들이 이러한 교리들을 설교하지도 않고, 심지어 이런 교리들을 믿지도 않는다. 그들은 예수님의 보혈을 명확하게 설교하지 않을 뿐만 아니라 그리스도의 죽음을 흐릿하게 묘사한다. 그들은 그리스도가 죄인들을 위하여 대속 제물이 되심으로써 성취하신 구원의 핵심 교리를 제대로 전달하지 못한다.

 그러하기에 나는 이 핵심을 더욱더 분명하고 정확하게 말하려 한다. 죄는 저주받아 마땅한 끔찍한 것이다. 하나님은 자신의 거룩한 성품을 따라 마땅히 죄를 처벌하셔야만 한다. 하나님은 인간이 범한 죄들을 간과하실 수 없다. 그런데 영원한 아버지의 영광스러운 아들이신 그리스도 우리 주님께서 사람이 되셨고, 사람들의 죄로 인한 저주를 받으셨으며, 자신을 대속 제물로 하나님께 드렸다. 그리하여 죄에 대한 하나님의 진노가 풀리고, 대속을 믿는 사람들에게 그분의 풍성한 자비를 베푸실 수 있게 되었다.

당신은 예수 그리스도가 어떻게 저주를 받으셨는지 질문할 것이다. "그분은 저주를 담당하셨다(갈 3:13 참고)." 그리스도 자신은 저주받지 않으셨다. 그분의 인성은 흠이 없고 순결하며 그 어떤 죄도 가지고 있지 않았다. 그리스도에게는 아무런 죄도 없었다. 그런데 하나님께서 '죄를 알지도 못하신 이를 우리를 대신하여 죄로 삼으셨다'(고후 5:21 참고).

예수님의 인성에 어떤 형태로든 비난받을 만한 것들이 있을 수 있다고 가정해서는 절대 안 된다. 그분은 점도 없고 흠도 없는 완전무결한, 하나님의 유월절 어린양이시다. 그리스도께서는 자신으로 말미암아 저주를 받으신 것이 아니다. 그분에게는 저주를 받아야 할 이유가 전혀 없다. 사랑하는 언약의 백성들을 위한 것 말고는 그 어떤 이유도 없다. 그분은 본성적으로 거룩하시기 때문에 죄와 저주를 받으실 필요가 없다. 그리스도는 자신 때문이 아니라 우리 때문에 죄를 담당하셨다. 자신 때문이 아니라 전적으로 우리를 사랑하시기 때문에, 우리를 있어야 할 자리에 두시려고 죄인의 자리를 선택하셨다. 그분이 우리를 대신하여 친히 저주를 담당하신 것은 어떤 개인의 공로나 필요 때문이 아니다. 그분은 자기 백성들의 언약의 머리가 되고 대표가 되시기 위하여 그들을 대신하여 그들이 받아야 할 저주를 감당하셨다.

명확히 말하건대, 위대한 진리를 붙잡은 사람들은 지금 내가 전하는 이 진리를 매우 강하게 증언했다. 그들은 자신의 의도를 전달하기 위해 위대한 진리를 강하게 표현했을 뿐만 아니라, 때로는 지나치다 싶을 정도로 표현하기도 했다. 예를 들어, 마틴 루터(Martin Luther)는 갈라디아서에서 믿음으로 말미암는 의의 빛을 발견하고는 그것을 얼마나 소중하게 여겼는지, 자신은 갈라디아서와 결혼했다고 말하면서 갈라디아서를 '나의 캐더린 폰 보라(Catherine von Bora, 사랑하는 아내의 이름)'라고까지 불렀다.

루터는 자신의 갈라디아서 주석에서 분명하게 말한다. "예수 그리스도는 지금까지 살았던 사람들 중 가장 악한 죄인이다. 사람들의 모든 죄가 그리스도에게로 전가되었기 때문에 그는 모든 도둑들과 살인자들과 간음자들과 하나가 되었다." 그러나 루터는 사람들이 이 말을 문자적인 의미로 이해하지 않기를 바란다고 밝힌다. 루터가 실제로 말하고자 하는 바는, '하나님께서 그리스도를 마치 극악한 죄인이요 이 세상의 모든 죄인들과 한패인 것처럼 다루셨다'는 것이다.

루터의 말은 분명히 진리를 전하고 있다. 그러나 이 표현에는 지나친 면이 있다. 우리 주님의 복된 인성에 대해 거의 신성모독적으로 말했다는 비판의 여지를 남겨 두었기 때문이다. 그리스도는 이전에도, 또한 앞으로도 결코 죄인이 되실 수 없다. 또한 그분의 인격과 성품은 변하지 않을 뿐만 아니라, 하나님께 충분히 사랑스러우며 영원히 복되며 여호와께서 보시기에 충분히 기쁨이 되신다. 그러므로 우리는 그분이 저주받았다고 말할 때, 반드시 저주를 '담당하게 되었다'는 말에 강조점을 두어야 한다. 저주를 담당하신 것이다. 또한 '우리를 대신하여'라는 말에 강조점을 두어야 한다. 그리스도께서는 자신의 문제 때문이 아니라 전적으로 우리를 향한 사랑 때문에, 우리를 죄에서 구원하기 위하여 죄인의 자리에 서서 죄인

중 하나로 여겨지고 죄인 취급당하고 우리를 대신하여 저주를 담당하셨다.

어떻게 그리스도가 저주를 담당하셨는가? 먼저, 자신의 백성들의 모든 죄짐을 실제로 지심으로써 저주를 담당하셨다.

"하나님이……우리를 대신하여 죄로 삼으신"(고후 5:21).

"여호와께서는 우리 모두의 죄악을 그에게 담당시키셨도다"(사 53:6).

"그가……그들의 죄악을 친히 담당하리로다"(사 53:11).

하나님의 백성들의 죄악들이 그리스도에게로 전가되었다. 그리하여 그들의 죄악들이 그리스도가 범한 죄악으로 간주되었다. 그리스도 자신이 죄인인 양 다루어졌다. 그분이 실제로 죄인들의 자리에 서신 것이다. 죄의 전가와 더불어 죄의 저주가 임하였다. 율법은 죄에 대한 처벌을 요구한다. 율법은 어디든지 죄가 발견되는 그곳에서 죄를 저주한다. 그래서 그리스도에게 전가된 죄를 발견하자마자 율법은 그리스도를 저주하게 되었다. 그렇게 그리스도께서 저주를 담당하신 것이다.

참으로 놀랍고도 끔찍한 일이다. 그러나 성경에 그렇게 기록되어 있으므로 우리는 반드시 그것을 받아들여야만 한다.

죄가 그리스도에게 전가되었고, 저주가 그리스도에게 임했으며, 그 결과 우리 주님은 형용할 수 없이 끔찍한 영혼의 고통을 느끼셔야 했다.

예수님은 하나님께서 자신을 죄인 중의 한 명으로 대하시는 것을 느꼈을 때, 자신의 피가 온몸을 다 적시기까지 흐른 것보다 더 끔찍한 고통을 경험하신 것이 분명하다. 그리스도의 거룩한 영혼은 죄와 살짝 닿은 것만으로도 가장 깊은 고통을 겪으셔야 했다. 완전히 순결하신 우리 주님, 그 마음에 악한 생각이 스쳐 지나간 적도 없고, 그 영혼이 악한 것들을 바라보는 잘못도 전혀 범한 적 없는 그분이 하나님 앞에 죄인으로 서게 되셨을 때, 그분의 영혼에는 끔찍한 고통이 임할 수밖에 없었다. 그러나 우리 주님은 우리 모두를 위해 저주를 담당하고, 우리가 받아야 하는 죄의 형벌을 거부하지 않고 대신 받으셨다.

우리의 죄의 형벌을 '잃어버림의 형벌'과 '실제적인 고난'이라는 두 가지로 나눌 수 있다. 그리스도는 이 두 가지 형벌을 몸소 겪으셨다. 먼저, 죄인은 그들의 죄로 인하여 하나님의 은총과 임재를 잃어버려야만 했다. 그래서 예수님께서 "나의 하나님, 나의 하나님, 어찌하여 나를 버리셨나이까?"(마 27:46; 막 15:34)라고 부르짖으신 것이다. 죄인은 그들의 죄로 인하여 개인적인 평안함을 잃어버려야 했다. 그래서 그리스도께서 모든 위로를 박탈당하셨다. 심지어 그분은 아담이 벌거벗고 홀로 있었던 것처럼 마지막 남은 옷자락까지 찢기고 홀로 남겨지셨다. 그리스도는 영혼을 지탱할 수 있는 모든 것들을 잃어버려야 했으며, 위로가 될 만한 모든 것들을 잃어버리셔야 했다. 어느 누구도 주님을 불쌍히 여기거나 도울 수 없었다. 주님은 울부짖으실 수밖에 없었다.

"나는 벌레요 사람이 아니라. 사람의 비방거리요 백성의 조롱거리니이다"(시 22:6).

두 번째 형벌은 글자 그대로 고난의 형벌이다. 복음 전도자들이 분명하게 보여 주듯이, 우리 주님은 극심한 고난의 형벌을 당하셨다. 당신은 그리스도가 당하신 육체적 고통을 자세히 묘사하는 것을 들어 보았을 것이다. 우리는 그리스도의 육체적 고통을 가볍게 생각하는 잘못을 저질러서는 안 된다. 우리의 구세주께서 견디셔야만 했던 육체적 고통은, 그리스도의 신성의 뒷받침과 힘을 받지 못하고서는 감당할 수 없을 만큼 큰 고통이었다.

또한 주님의 영혼이 받은 고난이야말로 주님이 받으신 고난의 진수였다. 그분이 당하신 영혼의 고난은 지옥에 비길 만했다. 악한 자들은 지옥의 형벌을 받아야 했으며, 설령 그리스도가 지옥을 경험하지는 않았다 하더라도 지옥 같은 고난을 당하신 것이 분명하다. 잊지 말라. 그 누구도 그분이 당하신 아픔과 고통을 측량할 수 없으며, 이해할 수도 없다. 오직 하나님만이 홀로 그분이 당한 슬픔을 아신다. 그리스의 시인은 이 점에 대해 "그분의 알 수 없는 고난"이라고 적절하게 표현했다. 주님의 고난은 인간의 상상을 뛰어넘는 영역에 영원히 남아 있을 것이다.

결과적으로 주님은 우리를 율법의 저주에서 구속하셨다. 그리스도가 대속한 사람들은 영원토록 율법의 저주로부터 자유롭다. 그리스도를 믿는 사람에게 율법이 저주하러 온다면, 이렇게 말하라. "율법아, 무슨 일로 왔느냐?" 율법이 "너를 저주하러 왔다"라고 말하면, "너는 나 대신 그리스도를 저주하지 않았느냐? 한 가지 잘못으로 두 번씩이나 저주할 수 있느냐?"라고 말하라. 그러면 율법은 할 말을 잃을 것이다. 하나님의 법은 이미 요구하는 모든 것을 받았다. 그러므로 무언가를 더 요구하는 것은 의롭지 않다. 하나님께서 요구하시는 것은 죄인들의 믿음이다. 그리스도께서 이미 값을 지불했으므로 이제 이후로는 하늘과 땅 위의 어느 누구도 예수 그리스도를 믿는 사람들을 정죄할 수 없다.

당신이 빚을 졌더라도 한 친구가 그 빚을 갚았다면 어떤 고소장도 접수될 수 없다. 당신이 직접 그 빚을 갚지 않았다고 해도 전혀 문제가 되지 않는다. 그것이 이미 지불되었고 그 사실에 대한 증서를 가지고 있으며, 이 증서가 모든 법정에서 통용되기 때문이다. 이처럼 우리의 죄로 인한 모든 형벌이 그리스도에게로 옮겨졌다. 그러므로 나에게는 더 이상 그 형벌을 감당해야 할 책임이 없다. 비록 나는 지옥에 가지도 않았고 하나님의 완전한 분노를 당하지도 않았지만, 그리스도께서 나를 대신하여 하나님의 분노를 받으셨기 때문에 마치 내가 하나님께 빚을 갚고 그분의 분노를 받은 것처럼 깨끗하게 된 것이다.

이것이 우리가 영원히 의지할 수 있는 영광스러운 모퉁잇돌이다! 이것이 우리가 영원히 누릴 평안의 기반이요 반석이다! 이 진리를 붙잡으라. 우리 주님께서 나의 보증이 되시기 위하여 성문 밖에서 보혈을 흘리셨고, 십자가 위에서 나의 빚을 갚으셨다. 그러므로 이제 더는 위대하고 높으신 하나님을 두려워하지 않아도 된다. 이제 어느 누구도 나를 저주받을 자라고 부를 수 없다. 하나님께서 자신의 진노의 음성을 발하셨으며,

모든 화살들이 이미 우리 주님을 향해 발사되었고, 그리하여 나는 그분 안에서 깨끗하고 정결하게 되었다. 그분 안에서 나는 마치 한 번도 죄를 짓지 않은 것처럼 무죄를 선고받고 구원을 받았다.

"그리스도가 우리를 구속하셨다"라고 본문은 말한다. 나는 자유주의 신학자들이 얼마나 자주 그리스도의 속죄를 비웃는지 알고 있다. 그들은 우리의 속죄 개념이 상거래상의 교환 개념과 연결되어 있다고 비난하곤 한다. 그러나 나는 상거래상의 교환이라는 비유적 표현이 하나님의 구속을 바르게 묘사한다고 주장하기를 전혀 망설이지 않는다. 왜냐하면 그 개념을 성경에서 발견할 수 있기 때문이다. 속죄는 속량이다. 말하자면, 값이 지불된다는 것이다. 이 단어가 현재형으로 쓰이는 경우에는 대신하여 값을 지불한다는 의미를 가진다. 예수님은 자신의 고통을 통하여 우리의 죗값을 대신 지불하셨다. 그리스도는 우리가 당해야 하는 고난을 당하셨다. 우리가 지은 죄가 그분의 죄가 되었다. 그분이 우리를 대신해 하나님 앞에 죄인으로 서셨다. 죄가 전혀 없는 그분이 죄인으로 처벌받고 나무 위에서 저주받고 죽으셨다.

그리스도를 믿기만 하면 살 것이다. 당신이 누구이든 무엇을 했든 어디에 있든, 설령 당신의 절망과 죽음이 캄캄한 지옥문 앞에까지 이르렀다고 할지라도, 이 말씀은 당신에게 유효하다.

"이 예수를 하나님이 그의 피로써 믿음으로 말미암는 화목제물로 세우셨으니"(롬 3:25).

"하나님이 죄를 알지도 못하신 이를 우리를 대신하여 죄로 삼으신 것은 우리로 하여금 그 안에서 하나님의 의가 되게 하려 하심이라"(고후 5:21).

"그리스도께서 우리를 위하여 저주를 받은 바 되사 율법의 저주에서 우리를 속량하셨으니"(갈 3:13).

그리스도를 믿는 사람에게는 더는 저주가 없다. 그 사람이 간음자, 저주하는 자, 술주정뱅이, 살인자였을 수도 있다. 그러나 그리스도를 믿는 순간 하나님은 그 사람에게서 어떠한 죄도 보지 않으신다. 하나님은 그의 모든 죄가 구원자에게로 옮겨진 것으로 간주하시고, 그를 순결한 사람으로 여기신다. 예수님께서 십자가 위에서 처벌받으셨다. 그러므로 이 지구상에서 가장 저주받을 만한 비참한 죄를 지은 사람이라 할지라도, 그가 그리스도를 믿는다면 어떠한 죄도 남지 않을 것이다. 하나님께서 당신을 정결하게 보실 것이다. 모든 것을 아시는 하나님께서 당신에게서 그 어떤 죄도 찾지 않으실 것이다. 왜냐하면 당신의 죄가 희생양이신 그리스도에게로 옮겨졌기 때문이다. 당신의 죄는 더 이상 기억되지 않을 것이다.

가증스럽고 맹신적인 당신 자신에 대한 믿음을 제발 버리라. 그리스도께서 구속 사역을 완성하셨으며, 완전히 마치셨다. 당신의 누더기 같은 옷을 우리 주님의 깨끗한 흰옷에 견주지 말라. 저주를 받으신 그리스도 앞에 당신의 보잘것없는 행위를 가져오지 말라. 귀중한 그리스도의 보혈의 샘에 온통 오염된 당신의 눈물을 섞지 말라. 당신 자신의 것들을 내려놓고 와서 그리스도의 것을 취하라. 지금까지 그리스도에게 받아들여지기 위해 생각했던 것과 행했던 것을 던져 버리라. 당신 자신을 낮추고, 예수 그리스도를 알파와 오메가요 처음과 마지막이요 당신의 구원의 시작과 마침으로 받아들이라(계 22:13 참고). 당신이 그렇게 한다면, 당신은 구원받을 것이며, 이미 구원받았다.

지치고 피곤한 자들이여, 쉼을 얻으라. 당신의 죄가 용서받았다. 일어나라. 다리를 저는 사람들이여, 믿음이 부족해서 다리를 절었던 사람들이여, 당신의 죄악들이 덮어졌다. 죽음의 자리에서 일어나라. 타락한 자들이여, 일어나라. 나사로가 무덤에서 일어났듯이 일어나라(요 11:43,44 참고). 예수님께서 지금 당신을 부르고 계신다. 그분을 믿고 살아나라!

...
Seeking

Chapter 10

하나님의 초청을 거절하지 말라

　나의 온 영혼이 바라는 주된 관심과 목표는, 지금껏 그리스도를 찾았지만 찾지 못하여 탄식하는 사람들에게 도움을 주는 것이다. 이 불행한 사람들은 죄를 확신하고 각성하고 깨어났는데도 오랫동안 자비의 문밖에서 추위에 떨며 기다리고 있다. 그들은 초청받은 잔치에 들어가고자 하면서도 정작 그들을 향해 활짝 열린 문 앞에서는 들어가기를 거절한다. 안타깝게도 그들은 자비의 문이 활짝 열려 있는데도 들어가기를 거부한다. 무한한 사랑이 그들에게 "오라, 환영한다. 들어와서 복을 받으라!"라고 말하는데도 말이다.

　아마도 이 세상에서 가장 황당하고도 놀라운 일은 가장 풍성한 위로가 손을 내밀고 있는데도 그 손을 잡기를 끊임없이 거부하는 일일 것이다. 그것은 너무나 이상해 보인다. 만약 우리가 충분히 관찰하여 깨닫지 못했다면, 우리는 비참한 영혼이 위로받기를 거절하는 것은 도저히 있을 수 없는 일이라고 생각했을 것이다. 소가 꼴을 거부하다니? 사자가 고기를 버리고, 독수리가 자기 둥지를 차 버리다니? 즉시 최고의 위로를 받아 누릴 수 있는데도 그 위로를 거절한다는 것은 도저히 이해할 수 없는 일이다.

우리는 죄를 용서받을 수 있고, 죄를 용서받았다. 그리스도께서 우리의 죄를 사하기 위해 대신 죽으셨기 때문이다. 어떤 죄인이든 자신의 죄과들을 고백하고 우리 주 예수 그리스도의 보혈을 믿는 마음으로 나아오기만 한다면, 은혜의 하나님께서 기꺼이 받아 주실 것이다. 하나님은 은혜와 자비 가운데 기다리고 계신다. 하나님은 가혹하거나 엄하신 분이 아니다. 그분은 자비로 가득하신 분이다. 잘못을 뉘우치는 사람을 용서하기를 기뻐하시는 분이다. 그분은 가치 없는 죄인들을 예수 그리스도의 의로 말미암아 받아 주시는 분이요, 이로써 하나님의 하나님 되심이 가장 잘 드러난다. 죄인에게 베풀어지는 용서와 구원에는 측량할 수 없는 하나님의 은혜가 나타난다.

여기에는 굉장한 위로가 있다.

당신은 하나님의 신적인 사랑의 모든 달콤함을 알고자 구했지만 그것을 찾지 못했을 것이다. 왜냐하면 하나님의 사랑은 지식을 뛰어넘는 것이기 때문이다. 하나님의 넘치는 선하심은 예수 그리스도 안에서 드넓은 바다와 같이 분명히 나타난다. 그러므로 이렇게 풍성하게 베풀어지는 하나님의 사랑을 거절하는 사람이 있다는 것은 참으로 어이없는 일이다.

몇 년 전 남미 대륙의 북부 해안을 항해하던 배 한 척이 조난 신호를 보내는 것이 발견되었다. 그 배는 다른 배에게 "물이 없어 죽어 갑니다!"라고 신호를 보냈다. 그러자 조난 신호를 받은 배는 "그러면 물을 떠서 마시세요!"라고 응답했다. 왜냐하면 그 배는 아마존 강 입구에 떠 있었기 때문이다. 그들 주변에는 신선한 물이 흐르고 있었고, 그들은 그저 그 물을 떠서 마시기만 하면 되었다. 그런데도 그들은 갈증으로 죽어 가고 있었다. 왜냐하면 그들은 자신들이 염분이 가득한 바다 위에 떠 있다고 생각했기 때문이다. 사람들은 얼마나 자주 그들이 받을 수 있는 자비에 대해 무지한지 모른다! 지식이 없어서 멸망한다는 것은 얼마나 슬픈 일인가?

또한 생각해 보라. 조난 신호를 보낸 선원들이 이 기쁜 소식을 듣고서도 여전히 그들 주변에 넘치는 물을 마시려 하지 않는다면, 그야말로 놀라운 일이 아닌가? 만약 그렇다면, 그 배의 선장과 선원들이 모두 정신이 나갔다고 결론 내리기 딱 좋을 것이다. 그런데 복음을 들은 사람들 중에도 이런 사람이 있다. 그들은 죄인들을 위해서 자비가 주어진 것을 안다. 그러나 성령께서 개입하시지 않으면 그들은 멸망할 것이다. 그들의 무지 때문이 아니라 다른 이유들 때문에 멸망하는 것이다. 그들이 옛 유대인들처럼 자기 자신이 영생을 얻기에 합당하지 않은 자라고 자처하기 때문이다(행 13:46 참고). 그래서 그들은 복음을 자신에게 적용하지 않고, 위로받기를 거절한다. 이 얼마나 놀라운 일인가!

실상 위로는 너무나 안전하게 제공되어 있다. 만약 복음의 위로들이 기만적인 것이라고 입증될 여지가 있다면, 그들의 기대는 헛될 뿐이고, 결국 영혼을 잃어버리고 말 것이며, 따라서 독이 든 잔을 피하듯 이 물을 마시지 않는 것이 지혜로울 것이다. 그러나 많은 사람들이 생명을 주는 이 물가에서 만족을 얻었다. 이 물을 마신 모든 사람들은 한 사람도 상처를 입지 않았으며, 영원토록 복을 받았다.

그렇다면 목마른 영혼들이 왜 이렇게 주저하는 것인가? 수정처럼 깨끗한 물이 그들의 발 아래 흐르고 있는데 말이다. 게다가 복음의 위로는 영원토록 적합하다. 이 복음의 위로는 죄인들과 약한 자들, 그리고 마음이 상한 자들에게 적합하다. 또한 복음의 위로는 깨어져 자비가 필요한 사람들뿐만 아니라 자비의 필요성을 가장 적게 느끼는 사람들에게도 똑같이 적합하다. 죄인들이 어떤 선한 일도 행할 수 없을 만큼 가장 나쁜 상태에 있을 때에도, 그들 속에 있는 어떤 것에서도 희망을 찾을 수 없을 때에도 복음의 향기가 그들의 손으로 흘러 들어간다. 복음은 "그리스도께서 경건하지 않은 자를 위하여 죽으셨도다"(롬 5:6)라고 선언하지 않는가?

"미쁘다 모든 사람이 받을 만한 이 말이여, 그리스도 예수께서 죄인을 구원하시려고 세상에 임하셨다 하였도다"(딤전 1:15).

이렇게 말한 사도는 "죄인 중에 내가 괴수니라"(딤전 1:15)라고 말하지 않았는가? 그렇다면 복음은 죄 가운데 죽은 사람들을 위한 것이 아닌가? 다음과 같은 말씀을 읽어 보지 않았는가?

"긍휼이 풍성하신 하나님이 우리를 사랑하신 그 큰 사랑을 인하여 허물로 죽은 우리를 그리스도와 함께 살리셨고 (너희는 은혜로 구원을 받은 것이라)"(엡 2:4,5).

지금까지 살펴본 바와 같이 복음의 초청장은 가장 고상하고 온유하고 매력적인 사람이 아니라 죄인의 자리에 있는 사람들에게 우선적으로 보내지지 않았는가?

"오호라 너희 모든 목마른 자들아 물로 나아오라. 돈 없는 자도 오라. 너희는 와서 사 먹되 돈 없이, 값없이 와서 포도주와 젖을 사라"(사 55:1).

"악인은 그의 길을, 불의한 자는 그의 생각을 버리고 여호와께로 돌아오라. 그리하면 그가 긍휼히 여기시리라. 우리 하나님께로 돌아오라. 그가 너그럽게 용서하시리라"(사 55:7).

초청받는 사람들에게 자격을 갖추거나 조금이라도 선해질 것을 전혀 요구하지 않는다. 악한 사람들을 초청하고, 불의한 사람들에게 하나님께로 돌아오라고 명령한다. 그 초청은 있는 모습 그대로를 다루고, 아직 개선되지 않은 죄인 됨을 다룬다. 은혜는 비참함과 부적합함과 죄책과 절망과 무가치함을 찾는다. 우리가 선해서가 아니다. 우리 주님께서 은혜롭기 때문에 그리스도 안에 있는 한없는 하나님의 자비를 믿고 평안을 누리라고 초청받는다. 그러므로 수많은 영혼들이 평안과 위로가 풍성하고 평안이 보장되고 마음의 행복이 지켜지는 곳에서 위로받기를 거절한다는 것은 참으로 이상한 일이다.

이 사실이 더욱 충격적인 이유가 있다. 위로가 절실히 필요한 사람들의 말이나 감정을 통해서 당신이 추론할 수 있듯이, 그들은 물에 빠진 사람이 밧줄을 붙잡는 것처럼 위로를 꼭 붙들고 싶어한다. 그런데도 왜 그들은 이러한 두려움으로 밤에 잠을 제대로 이루지 못하는 것일까? 그들은 날마다 수심이 가득한 얼굴을 하고는 출렁이는 바다 물결처럼 초조해한다. 그들은 거의 밝고 명랑하게 말할 수가 없다. 그들은 가족들을 비참하게 만든다. 그들의 슬픔이 가족 모두에게로 퍼진다.

당신은 바로 그 순간에 '희망'이라는 단어가 그들의 귓가에 속삭이고 있으며, 그들이 바로 그것을 뛰어넘을 수 있을 것이라고 생각한다. 그러나 그들은 그렇게 하지 않는다. 당신은 도움이 필요한 모든 상황에 복음을 적용할 수 있다. 그러나 정작 도움이 필요한 가엾은 영혼들은 안타깝게도 복음으로부터 위로받기를 거절한다. 그들 앞에 음식이 차려져 있지만, 그들의 영혼은 모든 종류의 음식들을 혐오한다. 그러고는 사망의 문 앞으로 달려간다. 실제로 당신이 천국의 음료를 그들에게 가져다주더라도, 그들은 영적인 영양분을 받아들이지 않을 것이다. 그들은 신적인 사랑이 제공하는 것을 취하기보다는 배고프고 굶주린 상태로 남는 편을 택한다.

노아가 방주에서 날려 보낸 비둘기는 피곤해지자 다시금 방주를 기억하고 날아와 노아의 손에 앉았다(창 8:9 참고). 이 사람들도 피곤해하고 있으며, 방주를 알고 있다. 그런데도 그들은 그리로 날아가지 않는다. 이스라엘 백성이라면 자기도 모르게 다른 사람을 죽였을 때에 도피성이 있다는 것을 알고, 피의 복수를 두려워하면서 안전한 장소인 그곳으로 가 피할 수 있었다(민 35:11,12 참고). 마찬가지로 이 죄인들도 피난처를 알고, 안식일마다 도로 주변에 이정표를 세워 놓았다. 그러나 여전히 그들은 구원을 찾기 위해서 나아오지 않는다.

런던 거리의 가난한 부랑자들은 밤에 잠잘 곳을 찾는다. 그들은 비오는 날 처마 밑으로 몰려드는 참새들처럼 빈민 수용 시설 입구 주위에 몰려든다. 그들은 애처롭게 머물 곳과 먹을 것을 갈망한다. 그러나 그 무리들은 어리석게도 번듯이 세워진 자비의 집에 "누구라도 환영한다. 이곳으로 오라!"라는 초청의 글이 크고도 분명하게 새겨져 있는데도 오지를 않는다.

한편 죄인들은 신체나 정신적 질환 때문에 위로받기를 거절하기도 한다. 사실 약물 치료와 식이요법을 통한 치료가 더 시급한 사람들에게 성경적인 논증을 내세우는 것은 헛된 일이다. 그러나 내과 의사와 목회자가 다루는 영역 사이에는 밀접한 연관성이 있다. 따라서 우울증을 치료할 때는 양쪽 영역을 모두 다루는 것이 현명하다.

그러나 실제로 많은 경우 죄인들이 위로받기를 거절하는 것은 바로 하나님의 구원 계획에 대한 교만한 반감에서 비롯된다. 그들은 위로받는 것 자체를 거부하지는 않지만, 계속해서 이런 의문을 던진다.

"영생을 얻기 위해서 제가 할 수 있는 일이 전혀 없단 말입니까? 그렇지만 적어도 감정이나 느낌의 차원에서는 제가 기여할 수 있는 것이 있지 않을까요? 그리스도를 위해 제 자신이 준비할 수 있는 것이 아무것도 없단 말입니까? 구원의 모든 것이 반드시 은혜로만 이루어진다는 말입니까? 자비의 집에서 베풀어지는 자비를 받기만 하는 무능한 자가 되어야만 합니까? 다른 어떤 것도 간구할 수 없고, 그저 '하나님이여, 불쌍히 여기소서. 나는 죄인이로소이다'(눅 18:13)라는 기도로만 나아가야 합니까? 발가벗겨진 채로, 제 자신이 의롭게 여기는 누더기가 찢겨진 채로, 감정의 의로움과 행함의 의로움마저 찢겨진 채로 나아가야만 합니까? 저의 지성이 온통 병들었음을 명백하게 고백하며, 온 마음이 약해진 채로, 완전히 파멸되고 무너진 채로 예수님 앞에 무릎을 꿇고 못 박힌 구세주의 손으로부터 모든 것을 취해야만 합니까? 그렇다면 저는 그 살과 피를 가지지 않겠습니다."

이 사람은 '자기 의'라는 깃발을 높이 매달아 펄럭이고 있다. 전쟁에 패배하고서도 패배한 진영의 깃발을 계속해서 걸어 놓는 것은 얼마나 어리석은 일인가? 우리는 자기 의라는 어리석은 영광 때문에 위로받는 것이 아니다. 당신과 당신 자신의 가치를 낮추고 자기 의를 버리라! 당신에게 간청한다. 예수 그리스도의 발 앞에 고개를 숙이고, 당신의 죄악들을 위하여 못 박히신 그분의 발에 입을 맞추라.

또 어떤 사람들에게는 교만이 아니라 거룩하지 않은 습관적인 죄악을 유지하려는 굳은 의지가 문제가 된다. 목회자가 오랫동안 피를 흘린 상처를 치료하고자 할 때, 수술용 메스로 정밀히 조사하고 계속 치료하는데도 왜 상처가 낫지 않는지를 알 수 없는 경우가 있다. 모든 환경적인 조건만 보면 그 상처가 성공적으로 치유될 것이라고 예상되지만, 실제로 낫지 않는다. 그는 계속해서 피가 나는 이유를 이해할 수가 없다. 그러다가 결국 그 이유를 찾아낸다. "아, 이제 알았다. 여기에 이물질이 박혀 있어서 이것이 끊임없이 상처를 덧나게 만들고 낫지 못하게 만들었구나." 이처럼 죄악의 이물질이 계속 박혀 있는 동안에는 상처를 치료할 수가 없다.

어떤 경우에는 사람이 슬퍼하면서도 여전히 숨어 있는 악이나 경건하지 않은 교제에 빠져 있거나 부모에 대한 의무를 다 이행하지 않거나 용서하지 않거나 나태하거나 은밀한 죄를 반복해서 짓거나 몰래 술에 취하는 등의 죄악들에 빠져 있는 것을 발견한다. 만약 그 사람이 "나는 이 죄를 포기하지 않을 것이다"라고 결단한다면, 그가 위로받지 못하는 것은 당연하지 않겠는가? 이 얼마나 끔찍한 일인가? 자기의 영혼을 부패하게 만드는 물질을 자기의 영혼에 간직해 두고 있다면, 겉의 상처가 아문다 하더라도 내부에 질병이 발생되어 더욱 극심해져 갈 것이다. 당신의 모든 어리석음을 용서하고 받아 줌으로써 더 이상 위로받기를 거절하지 않도록 이끄시는 예수님께 고백하기 바란다.

어떤 사람들은 자신이 선택한 방식으로 위로받기를 고집하는 완고한 경향 때문에 위로받기를 거절하기도 한다. 그들은 어떤 특정한 종류의 경험을 통해 구원을 받은 사람들의 생애에 대한 기록을 읽고서는, "만약 내가 저 사람들처럼 느낀다면 나도 구원받았다고 결론 내릴 수 있을 것이다"라고 말한다.

많은 사람들이 존 번연(John Bunyan)의 『죄인 괴수에게 넘치는 은혜』(Grace Abounding to the Chief of Sinners)를 읽고 나서 '존 번연과 같은 상황에 처하지 않는다면 나는 믿지 않을 것이다'라고 생각한다. 또는 "존 뉴턴(John Newton)이 걸었던 길을 반드시 걸어야겠다. 뉴턴이 밟았던 바로 그 길을 밟지 못한다면, 예수 그리스도를 믿을 수 없다"라고 말하기도 한다. 그러나 생각해 보라. 하나님께서 당신의 의지를 꺾기 위해 어떤 방법을 사용하실지, 당신을 치료하기 위해 위대한 의사이신 그분이 어떤 처방을 내려주실지 어떻게 예상할 수 있겠는가?

오, 만약 그분께서 나를 천국으로 데려가시기만 한다면, 나를 지옥문 앞에 서 있는 사람처럼 대하신다 하더라도 나는 행복할 것이다. 만약 내가 저 멀리 있는 왕의 현존과 아름다움을 보게 된다면, 어떤 식으로 나를 그곳으로 인도하시든 아무런 문제가 되지 않을 것이다. 와서 당신의 어리석은 고집을 내려놓으라. 그리고 나서 이렇게 말하라. "주님, 자비를 베푸소서. 독생자를 믿을 수 있게 하소서. 저의 헛된 생각과 변덕스러운 감정들을 내려놓게 하소서."

또한 두렵게도 많은 사람들이 하나님의 사랑과 신실하심과 선하심을 믿지 않는 무례함 때문에 위로받기를 거절한다. 그들은 하나님을 은혜로우신 분으로 믿지 않는다. 그들은 하나님을 무자비한 전제 군주로 생각하거나, 그 정도는 아니더라도 너무나 엄격하신 분이라서 그분의 마음을 움직이기 위해서는 죄인이 오랫동안 간구하고 탄원해야 한다고 생각한다. 오, 그렇다면 당신은 나의 하나님을 알지 못하는 것이다! 하나님은 어떤 분이신가? 그분은 사랑이시다. 태양이 그 빛을 비추고, 샘의 근원이 물을 쏟아내는 것이 어떠한 설득도 필요 없는 자연스러운 현상이듯이, 하나님이 자비를 베푸시는 데도 어떤 특별한 설득이나 간구가 필요 없다. 하나님이 은혜로우신 것은 그분의 성품이기 때문이다. 하나님께서 자비를 베푸실 때 그분의 하나님 되심이 가장 잘 드러난다. 심판은 그분의 '일반적이지 않은 사역'이요 왼손의 사역이다. 그분의 속성 중 가장 마지막에 나타난 자비는 그분이 기쁘게 나타내시는 오른손의 아들인 베냐민이다(창 35:18 난외주 참고). 성경은 주님이 '인애를 기뻐하신다'(미 7:18 참고)고 기록하지 않는가?

아, 슬프도다! 그런 하나님이 그렇게 사랑하시는 자들에게서 모욕을 당하셔야 하다니!

"나의 삶을 두고 맹세하노니."

여기 하나님의 맹세를 보고도 그분을 믿지 않겠는가?

"주 여호와의 말씀이니라. 나의 삶을 두고 맹세하노니 나는 악인이 죽는 것을 기뻐하지 아니하고 악인이 그의 길에서 돌이켜 떠나 사는 것을 기뻐하노라. 이스라엘 족속아, 돌이키고 돌이키라. 너희 악한 길에서 떠나라. 어찌 죽고자 하느냐"(겔 33:11).

하나님께서 마치 자신의 피조물들에게 간청하시는 것처럼 보인다. 그분은 자신에게로 오라고 요청하고 계신다. 그분은 그들의 구원을 열망하면서 외치신다.

"에브라임이여, 내가 어찌 너를 놓겠느냐. 이스라엘이여, 내가 어찌 너를 버리겠느냐. 내가 어찌 너를 아드마같이 놓겠느냐. 어찌 너를 스보임같이 두겠느냐. 내 마음이 내 속에서 돌이키어 나의 긍휼이 온전히 불붙듯 하도다. 내가 나의 맹렬한 진노를 나타내지 아니하며 내가 다시는 에브라임을 멸하지 아니하리니 이는 내가 하나님이요 사람이 아님이라. 네 가운데 있는 거룩한 이니 진노함으로 네게 임하지 아니하리라"(호 11:8,9).

간청하건대, 불신하지 말라. 하나님의 말씀과 서약을 믿으라. 그분께서 복음 안에서 거저 주시는 평안을 받아들이라.

오랫동안 위로받기를 거절하다가 절망적인 습관에까지 이르게 된 사람들이 있다. 오, 이것은 위험한 습관이다. 그는 지옥의 낭떠러지 앞에서 떨고 있는 것과 같다. 이렇게 절망에 빠질수록 거기에 더 익숙해져 간다. 이는 마치 극한 지역을 여행하는 것과 같다. 추위가 극심한 지역을 여행하는 사람들은 감각이 서서히 마비되다가 아무것도 느끼지 못하는 지경에 이르고, 그러다가 활동을 멈추면 잠에 빠져 결국 죽음에 이르게 된다. 어떤 사람들은 그저 절망에 빠지고, 절망하는 이유를 발견할 때까지 절망에 빠지고, 절망이 그들을 지옥으로 데려갈 때까지 절망에 빠진다. 절망은 사람의 마음을 굳게 만들어 결국 희망이 없다고 생각하는 데까지 이끌어 죄를 범하게 한다.

절망이 커지는 것을 조심하라! 절망이 당신을 서서히 불신앙으로 몰아가지 않는가? 가능하면 그것을 떨쳐 버리라. 성령께 기도하라. 그분은 위로자이며, 사냥꾼의 덫에서 풀어 주시는 분이다. 그분을 의지하라. 하나님을 믿는 것은 영혼을 강건하게 하고 거룩과 행복으로 이끈다. 반면 불신과 의심과 억측과 두려움은 마음을 굳게 만들고, 하나님께 감히 나아오지 못하게 만든다. 절망을 경계하라. 만약 당신이 이런 악한 습성에 빠져 있다면, 불에 더 그을리지 않도록 과감하게 빠져 나오라. 갇힌 자에게 자유를 주시는 우리 주님으로 말미암아 구원을 받으라.

How Luther Sought and Found

Chapter 11

믿음으로 말미암아 살리라

　마틴 루터의 목소리는 400년에 걸쳐 오늘날까지도 여전히 사람들의 귓가에 울리고 있으며, 군악대의 북소리처럼 우리의 맥박이 빨라지게 만든다. 루터가 살아 있는 것은 그가 믿음의 사람이었기 때문이다. 나는 루터의 생애 가운데 일어난 한 사건을 살펴보려고 한다.

　수도원에 있던 한 개혁자의 삶에 복음의 빛이 조금씩 비춰 들기 시작했다.

　"의인은 그의 믿음으로 말미암아 살리라"(합 2:4).

　이 천상의 문장이 그에게 부딪쳐 온 것이다. 그는 이 말씀의 의미를 온전히 다 이해하지는 못했다. 수도원에서의 훈련, 종교적 직무 수행과 수많은 고행들, 죄를 짓지 않기 위해 수행했던 열렬한 수고들로 인해 때로는 의식을 잃고 기진맥진할 지경에까지 이르렀지만, 이것들을 통해서는 평안을 발견할 수가 없었다. 스스로 자기 자신을 지옥문 앞으로 데려다 놓은 것이었다.

루터는 로마로 성지순례를 떠나야만 했다. 로마의 교회에는 활기가 넘쳐났다. 왜냐하면 사람들이 죄 용서에 대한 확신과 온갖 종류의 복을 성당의 제단으로부터 받을 수 있다고 확신했기 때문이다. 루터는 거룩한 도시에 들어가게 되기를 꿈꾸고 기대했다. 그러나 그는 그 도시가 악한 자의 소굴과도 같으며 위선의 유령이 출몰하는 곳임을 발견할 뿐이었다. 끔찍하게도 루터는 심지어 어떤 사람에게서 "만약 지옥이 있다면 그 꼭대기에 로마가 있을 것이다"라는 말까지 들었다. 그러나 루터는 여전히 로마 교황을 믿었고, 안식을 찾고자 고행을 계속해 나갔다. 하지만 그는 아무것도 찾을 수 없었다.

어느 날 그는 참회하면서 '성스러운 계단(Scala Sancta)'이라고 불리는 계단을 무릎으로 올라가고 있었다(이 계단은 지금도 로마의 라테란 성당에 남아 있다. 나는 계단의 맨 아래에 서 본 적이 있다. 불쌍한 사람들은 이 계단이 우리 주님께서 빌라도의 법정에서 내려오면서 밟은 그 계단이며 여기에 우리 주님의 피가 묻어 있다고 여기면서 무릎으로 이 계단을 오르락내리락한다. 이 불쌍한 영혼들은 가장 경건한 모습으로 이 계단에 입을 맞춘다). 루터가 이 계단을 무릎으로 기어 올라가고 있을 때, 수도원에서 부딪쳐 온 그 말씀이 천둥소리처럼 그의 귀에 울려 왔다.

"의인은 그의 믿음으로 말미암아 살리라"(합 2:4).

루터는 그 자리에서 일어나 계단을 내려왔고, 다시는 그 계단을 밟지 않았다. 그 순간 주님께서 그를 미신으로부터 구원해 주셨다. 루터는 수도사나 성직자로서의 능력이나 고행처럼 자신이 할 수 있는 어떤 것이 아니라 오직 믿음으로 말미암아 살아야 함을 깨닫게 되었다. 이 사실을 믿자마자 루터는 살아나기 시작했다. 그의 내면에서 생명력이 약동하기 시작했다.

테첼(Johann Tetzel)은 독일 전역을 돌아다니면서 돈을 긁어모으기 위해 면죄부를 판매하는 데 열을 올리고 있었다. 테첼은 이렇게 외쳤다. "당신들이 어떤 죄를 지었든 간에, 동전이 헌금함 바닥에 떨어지는 소리가 들리자마자 당신들의 죄는 사라질 것이다." 이 소리를 들은 루터는 분노를 참지 못하고 외쳤다. "그의 북에 구멍을 내고 말 것이다!" 실제로 루터는 테첼의 북에 구멍을 뚫었을 뿐만 아니라 면죄부를 판매한다고 울려대는 북소리들을 잠잠하게 만들었다.

루터가 '95개조 반박문'을 비텐베르크(Wittenberg) 교회 문 앞에 못 박은 것은 탐욕스러운 소리들을 잠재운 확실한 방책이었다. 루터는 돈이나 아무런 대가 없이 그리스도 안에서 믿음으로 말미암아 죄를 용서받는다는 진리를 선포했고, 교황의 탐욕을 조롱거리로 만들어 버렸다. 루터는 믿음으로 말미암아 살았고, 그래서 잠잠할 수가 없었다. 그는 사자가 먹이 앞에서 울부짖듯이 격노하면서 로마 가톨릭의 오류들을 공격했다. 루터 안에 있는 믿음이 그의 삶을 전투로 가득 채웠고, 적들에 대항하는 전쟁에 뛰어들 수밖에 없게 만들었다.

얼마 후 로마 교회는 루터에게 아우크스부르크(Augsburg)로 오라는 명령을 내렸다. 루터는 친구들이 만류하는데도 아우크스부르크로 갔다. 그들은 루터를 이단자 취급했고, 보름스 의회(Diet of Worms, 1521년)에서 스스로 답변하게 했다. 주위의 사람들은 모두 루터에게 피신하라고 권했다. 그가 분명히 화형당할 것처럼 보였기 때문이다. 그러나 루터는 자신의 신념을 증언해야 할 필요성을 강하게 느꼈고, 마차를 타고 독일 전역을 두루 다니면서 가는 곳마다 설교했다. 가난한 사람들은 밖으로 나와 그리스도와 복음을 위해 생명을 걸고 서 있는 루터와 악수하기를 즐겼다.

당신은 루터가 보름스 의회에 어떻게 섰는지를 기억할 것이다. 그는 자신의 목숨을 대가로 지불해야 한다는 것을 알면서도 개의치 않았다. 아마도 루터가 존 후스(John Huss)처럼 화형당할 것을 각오할 만큼 헌신했기 때문일 것이다. 그래서 루터는 자신의 주인 되신 하나님 앞에 당당히 설 수 있었다. 루터는 보름스 의회 이후 수천 명의 후손에 이르기까지 복된 이름으로 여겨졌으며, 그의 주인이신 하나님의 이름을 높였다.

루터의 친구들은 그를 해치려는 세력들로부터 보호하기 위해 그를 비텐베르크 성으로 피신시켰다. 거기서 루터는 쉼을 누릴 수 있었고, 학업과 성경 번역, 작곡, 앞으로 다가올 일들을 준비하는 시간을 가질 수 있었다. 그는 혼자서는 감당하기 힘든 일들을 하면서도 "의인은 그의 믿음으로 말미암아 살리라"(합 2:4)라는 말씀을 실천하는 삶을 살았다. 루터는 편안히 잠들 수 없었기에 자신의 평생 사명을 감당하기 위해 달리기 시작했다.

루터는 자신의 친구들을 보내 곧 합류할 것이라는 소식을 전하고는 비텐베르크에 나타났다. 그동안 루터를 지지했던 선제후(選帝侯, 신성 로마 제국에서 황제 선출에 참여할 권리를 지닌 일곱 사람의 제후)가 더는 루터를 보호해 주지 못할 것을 두려워하자 루터는 이렇게 편지하였다.

"저는 당신보다 훨씬 높으신 분의 보호 아래 있습니다. 저는 당신이 저를 보호하는 은혜보다 당신의 은혜를 지키시는 분의 은혜를 받고자 합니다. 믿음을 주시는 그분이 최고의 보호자이십니다."

루터는 자기 자신을 하나님께 드렸기 때문에 모든 사람들로부터 자유로울 수 있었고, 모든 사람들이 자신에게 대항하는 시대를 살아가면서도 행복하게 살 수 있었다. 교황이 그에게 파문령을 내리면 그는 그 칙서를 불태워 버렸고, 황제가 그를 위협하면 다음과 같은 주님의 말씀을 기억하면서 즐거워했다.

"세상의 군왕들이 나서며 관원들이 서로 꾀하여 여호와와 그의 기름 부음 받은 자를 대적하며……하늘에 계신 이가 웃으심이여 주께서 그들을 비웃으시리로다"(시 2:2,4).

사람들이 "선제후가 당신을 보호하지 못할 때는 어디로 피하겠는가?"라고 묻자 루터는 "나는 하나님의 넓은 방패 아래서 쉴 것이다"라고 대답했다.

루터는 잠잠할 수 없었다. 그는 말하고, 글을 써야만 했다. 오, 루터는 우레와 같이 외쳤다. 그는 하나님과 하나님의 말씀을 의심하는 것을 혐오했다. 멜랑톤(Philip Melanchthon)은 루터를 독단적인 인물로 평하였지만, 나는 그렇게 생각하지 않는다. 나는 루터가 철저한 교리주의자였다고 생각한다. 오히려 루터는 멜랑톤을 너무 나약하고 부드러운 사람으로 보았다. 나는 만약 루터가 멜랑톤과 같았다면, 그래서 굉장히 부드럽게 길을 걸어갔다면 어떻게 되었을지 생각해 본다. 그 시대에는 분명히 강한 확신에 찬 지도자가 필요했다. 그래서 믿음이 루터를 이끌어 그 시대에 맞서게 한 것이다. 결점 많고 나약한 그를 그 시대에 맞서 대항하는 매우 뛰어난 지도자로 만들어 낸 것이다.

루터는 실로 거인과 같이 굉장한 정신적 역량과 강인한 체력을 가진 사람이었다. 그러나 그의 삶을 주도한 원동력은 바로 그가 자신의 삶을 믿음에 드린 것이었다. 루터는 자신의 마음의 갈등과 육체적 질병 때문에 극심한 고통을 겪었으며, 이러한 아픔과 약함이 외적으로 크게 드러날 수도 있었다. 그러나 그것들이 나타나지 않았다. 왜냐하면 루터가 믿을 때 그가 믿은 것을 자신의 존재로부터 확신했고, 이것이 그를 강하게 만들어 주었기 때문이다. 설령 하늘에 있는 모든 천사들이 루터 앞을 지나가면서 각각 하나님의 진리를 확신시켜 줄 수 있었다고 할지라도, 루터는 그들의 신앙고백으로 인해 하나님께 감사하지 않았을 것이다. 왜냐하면 루터가 하나님을 믿는데는 천사나 사람들의 증언이 더 필요하지 않았기 때문이다. 루터는 성령에 감동된 하나님의 말씀을 그 어떤 천사들의 말보다도 더 확실한 증언으로 여겼다.

　루터는 믿음에 이끌린 삶을 살았다. 그의 영혼 속에서 일고 있던 격렬한 폭풍에 오직 믿음만이 평안을 가져다줄 수 있었다. 그에게 닥친 이러한 흥분과 격앙됨은 끔찍할 정도로 심각하게 그의 영혼을 침체시켰지만, 그로 인해 그는 하나님을 믿는 신앙을 절대적으로 구하게 되었다. 루터의 영적인 삶을 살펴보면, 때때로 루터가 자신의 영혼을 생명력 있게 유지한다는 것이 얼마나 어려운 일이었는지를 발견할 수 있다. 그는 우리와 똑같은 격정에 시달리고 우리와 같은 연약함으로 가득 차 있었으며, 낙담과 절망 앞에서 누구보다도 약한 사람이었음이 분명하다. 가득 차오른 그의 내면의 슬픔이 그의 마음을 위협하여 터트릴 것처럼 보이기도 한다. 그러나 존 칼빈(John Calvin)과 루터는 이로 인해 하늘의 안식을 더욱 갈망하게 되었다. 그들은 생애 가운데 일어난 투쟁을 사랑한 것이 아니다. 그들은 그저 이 땅에서 하나님의 양 떼들을 평화롭게 먹이기를 기뻐했고, 이후에 안식에 들어가기를 열망했다. 그들은 기도 가운데 함께하시는 하나님으로 말미암아 거룩한 담대함을 가질 수 있었다. 그렇지 않았다면, 그들은 살아갈 수 없었을 것이다.

루터의 믿음은 우리 주님의 십자가 위에 굳게 연합했으며, 이 십자가로부터 결코 떨어지지 않았다. 그는 죄 용서를 확신했고, 결코 그것을 의심하지 않았다. 그는 거룩한 말씀에 닻을 내렸고, 모든 교부들의 전통과 교회의 관습들을 거부했다. 루터는 복음의 진리를 확신했고, 이 땅과 지옥의 모든 것들이 함께 모여 이에 대항한다고 할지라도 맞서 싸울 수 있는 사람이었다. 루터가 죽음을 맞이하게 되었을 때, 그의 오랜 적들이 그를 맹렬하게 공격하면서 루터가 여전히 동일한 믿음을 가지고 있는지를 물었다. 그리고 여기에는 "그렇다"라는 대답 한 마디로 충분했다. 사실 그들은 그에게 이렇게 질문할 필요가 없었다. 그들이 이미 그 대답을 확신하고 있었기 때문이다.

오늘날에도 루터가 선포했던 진리가 여전히 선포되고 있다. 그리고 우리 주님께서 다시 오실 때까지 그 진리가 계속 선포

될 것이다. 그때에는 더 이상 촛불이나 태양 빛이 필요 없는 거룩한 성에 거하게 될 것이다. 왜냐하면 우리 주님께서 친히 자신의 백성들에게 빛이 되어 주실 것이기 때문이다. 그러나 그날이 이르기까지 우리는 온 힘을 다하여 복음의 빛을 비추어야 한다.

...
Saved through Faith

Chapter 12

오직 믿음으로 말미암는 구원

구원의 방식은 항상 동일하다. 선행에 의해서 구원받은 사람은 한 명도 없다. 의인은 언제나 믿음으로 말미암아 살았다. 그 어떤 것도 이 진리에서 조금이라도 더 나아가거나 여기에 더해질 수 없다. 이 진리를 말씀하신 하나님처럼 이 진리는 확립되고 고정되었으므로 변할 수 없다. 언제나, 어디에서나 복음은 반드시 동일해야만 한다.

"예수 그리스도는 어제나 오늘이나 영원토록 동일하시니라"(히 13:8).

우리는 '복음'을 한 가지로 이해한다. 결코 둘이나 셋으로 보지 않는다. 하늘과 땅이 변하더라도 그리스도의 말씀은 결코 변하지 않는다(마 24:35; 막 13:31; 눅 21:33 참고).

또 한 가지 우리가 주목해야 할 것이 있다. 이 진리는 오래된 진리일 뿐만 아니라 변하지 않고 계속되어야 하는 진리이다. 그만큼 이 진리는 약동하는 생명력을 지니고 있어야 한다. "의인은 그의 믿음으로 말미암아 살리라"(합 2:4)라는 말씀 한 구절이 종교개혁을 일으켰다. 이 한 구절에서 오랫동안 닫혀 있던 계시의 문이 열리고 복음의 나팔 소리가 울려 퍼지게 되었으며, 이 세상에 많은 물소리 같은 복음의 노래가 울리게 되었다. 중세의 암흑기 동안 잊히고 숨겨졌던 이 씨앗 하나가 싹을 틔워 사람들의 마음속에 들어가게 되었고, 성령에 의해 자라고 위대한 열매들을 맺게 된 것이다.

지극히 작은 이 진리의 씨앗은 뿌려지는 곳마다 싹을 틔우고 자라난다. 어떤 식물들은 생명력이 굉장히 강해서 그 식물의 잎사귀 하나만 따서 다른 곳에 심어도 이내 뿌리를 내리고 자란다. 이런 식물들이 멸종한다는 것은 거의 불가능한 일이다. 하나님의 진리도 이와 같다. 하나님의 진리는 살아 있고, 썩지 않는다. 그 무엇도 이 진리를 없앨 수 없다. 성경이 존재하는 한, 값없는 은혜의 종교 역시 살아 있을 것이다. 설령 인쇄된 모든 성경책을 불사른다고 할지라도, 한 작은 아이가 성경의 한 구절만이라도 기억하고 있다면 그 진리는 다시 일어설 것이다. 진리의 불꽃이 살아 있는 한, 주님께서 바람을 불어 넣으시면 재 가운데서도 불꽃이 일어나 다시 영광스럽게 타오를 것이다.

구약성경은 아브라함에 대해 이렇게 말한다.

"아브람이 여호와를 믿으니 여호와께서 이를 그의 의로 여기시고"(창 15:6).

이것이 칭의에 대한 보편적인 계획이다. 믿음은 하나님의 의를 붙잡는 것이다. 죄인들을 의롭다 하시는 하나님의 계획 가운데서 죄인은 예수 그리스도의 희생을 통해 의롭다하심을 얻게 된다. 믿음은 예수 그리스도의 사역과 인격 안에 펼쳐진 신적인 의의 모든 것을 받아들이고 고백하는 것이다. 믿음은 우리를 위해서 자기 자신을 주기까지 순종하신 그리스도, 인간의 몸을 입고 이 땅에 오셔서 율법 아래 거하며 율법의 일점일획에도 온전히 순종하신 그분을 즐거이 바라보는 것이다. 믿음은 율법 아래 있으면서 자기 자신을 완전한 제물로 드리고 고난과 죽음을 통해 신적인 공의를 만족시키신 그분을 바라보면서 한층 더 기뻐하는 것이다. 믿음은 예수 그리스도의 삶과 죽음에 유일한 소망을 두고, 그리스도의 의로움을 붙잡는 것이다. 믿음은 이렇게 외친다.

"그가 징계를 받으므로 우리는 평화를 누리고 그가 채찍에 맞으므로 우리는 나음을 받았도다"(사 53:5).

하나님께서 어떻게 예수 그리스도를 통해 의롭다 하시는지를 믿고 예수님을 받아들이고 의지하는 사람이 의로운 사람이다. 삶과 죽음을 주관하시는 하나님의 위대한 속죄 사역을 신뢰하고 그것을 믿음의 근거로 삼는 사람이 하나님께서 보시기에 의로운 사람이다. 그런 사람이 주님의 생명책에 기록된다. 그가 그리스도 예수 안에 있는 의로움을 붙잡았기 때문에 그리스도의 의가 그에게로 전가된다.

"모세의 율법으로 너희가 의롭다하심을 얻지 못하던 모든 일에도 이 사람을 힘입어 믿는 자마다 의롭다하심을 얻는 이것이라"(행 13:39).

영감된 하나님의 말씀이 이렇게 증언한다. 누가 이 증언을 부인하겠는가?

또 다른 면에서도 신자는 의롭게 되었다. 신자는 이제 바깥 세상에서 가치 있게 여겨지는 것들에 가치를 부여하지 않게 되었다. 하나님을 믿는 사람은 이 믿음으로 말미암아 모든 것들이 의롭고 선하고 진실하게 되었다. 하나님을 믿는 믿음으로 말미암아 그의 지성이 새로워지고 바르게 된다. 그리고 그의 판단과 열정과 마음과 감정이 바르게 된다. 그는 이제 값없이 죄를 용서받았다. 죄악의 유혹이 올 때마다 그는 이렇게 외친다.

"내가 어찌 이 큰 악을 행하여 하나님께 죄를 지으리이까?"(창 39:9)

그는 하나님께서 자신의 죄를 깨끗하게 하기 위해 흘리신 보배로운 피를 믿으며, 그 보배로운 피로 씻겨졌다. 그러므로 이제 그는 다시금 하나님을 욕되게 할 수 없다.

그리스도의 사랑이 강권하여 그로 하여금 무엇에든지 진실하고 선하며 옳고 사랑할 만하며 하나님이 보시기에 영광이 될 것들을 추구하게 한다. 그는 믿음으로 말미암아 아들이 되는 특권을 받았으며, 따라서 하나님의 자녀로 살아가기 위해 온 힘을 다 쏟는다. 그는 믿음으로 새 생명을 얻었으므로 새로운 삶을 살게 된다. "변하지 않는 원리는 하나님의 자녀들이 죄짓는 것을 금하고 있다." 만약 어떤 사람이 죄 안에 거하고 죄를 사랑한다면, 그는 하나님의 선택받은 믿음을 가진 사람이 아니다. 왜냐하면 참된 믿음은 영혼을 정결하게 만들기 때문이다. 성령으로 말미암아 우리 안에서 역사하시는 믿음은 하늘 아래 있는 그 무엇보다 가장 효과적으로 죄를 죽인다. 하나님의 은혜로 이 믿음은 마음속에 영향을 준다. 이 믿음은 정서와 의지를 바꾸고, 그리스도 안에서 우리를 새로운 피조물로 만든다.

참으로 의롭다하심을 얻은 사람은 우리 주 예수 그리스도를 통해 하나님을 믿는다. 거룩하신 하나님께서 의롭다 하신 사람이 아니라면, 그리고 믿음으로 사는 사람이 아니라면, 그 누구도 의로운 사람으로 불릴 수 없다. 믿음은 하나님을 의뢰하게 하고, 그러므로 하나님을 사랑하게 하며, 그러므로 하나님께 복종하게 하고, 그러므로 그분에게까지 자라게 한다. 이것이 거룩의 뿌리이며 의로움의 샘이요 의인의 삶이다.

하나님은 참으로 진실하신 분이다. 따라서 그분에 대해 의심하는 것은 의롭지 않다. 그리고 주님께서 불의를 행하신다고 생각하는 사람도 의로운 사람이 아니다. 의로운 사람은 반드시 우선적으로 모든 존재 가운데 가장 뛰어나신 분과 올바른 관계를 맺고 있다. 만약 그가 의지적으로 하나님과 불의한 관계에 있다면, 비록 그가 다른 피조물들과 아무리 바른 관계를 맺고 있다 하더라도 어리석을 뿐이다. 그는 의로운 사람이라고 불릴 자격이 없다. 모든 피조물은 마땅히 우리 주님을 믿어야 한다. 우리에게는 하나님의 말씀, 특히 복음과 관련된 말씀을 마땅히 믿어야 할 의무가 있다.

그리스도 안에서 하나님의 사랑이 명백하게 표현될 때, 그 사랑이 정결한 마음을 가진 사람들의 마음속에 믿음을 불러 일으킬 것이다. 우리를 죽기까지 사랑하신 그리스도의 놀라운 사랑을 충분히 이해하게 된다면, 정직한 마음을 가진 모든 사람들은 이 진리를 믿을 수밖에 없다. 그리스도에 관한 하나님의 말씀을 의심하는 것은 하나님의 무한한 사랑에 가장 부당하게 행하는 것이다. 믿지 않는 사람은 말할 수 없는 은사를 주신 하나님의 증언을 거부하고, 피조물의 찬양과 경배를 받아 마땅한 그분, 곧 하나님의 공의를 만족시키고 인간의 양심에 평화를 주신 그분을 거절한 것이다. 참으로 의로운 사람은 반드시, 완전히 의롭게 되기 위하여 하나님과 그분이 계시하신 모든 것들을 믿는다.

어떤 사람들은 이것이 사람의 신념과는 상관이 없으며 그저 삶의 외적인 부분에만 영향을 미친다고 생각한다. 참으로 허황된 생각이다. 그렇게 생각해서는 안 된다. 의로움이라는 것은 사람의 내면과 관계된 것이요 사람됨의 가장 핵심적인 것이다. 참으로 의로운 사람은 내면의 가장 깊은 곳이 깨끗해지고 감춰진 지혜를 알기를 열망한다. 그렇지 않은가?

우리의 이해력과 신념에 관한 하나님의 심판을 피하려고 시도하는가? 나의 신념에 대하여 하나님으로부터 오는 정당성을 확보하지 못했으면서도 나의 신념을 지키고자 내가 선호하는 것을 믿으려 하지 않는가? 그러나 전 인격의 어떤 부분도 하나님의 법을 넘어설 수 없다. 인간으로서 우리의 모든 능력은 우리를 창조하신 분의 주권 아래 있다. 또한 우리는 바르게 믿는 만큼 바르게 살 수 있다. 사실 우리의 행동과 생각은 너무나 얽혀 있어서 서로 떼어 놓을 수가 없다. 외적으로 의로운 삶만으로도 충분하다고 말하는 것은 하나님의 말씀에 완전히 어긋난다. 우리는 지성뿐만 아니라 마음으로도 하나님을 섬겨야 한다. 하나님께서 계시하신 것을 믿을 뿐만 아니라 명령하신 것을 행해야 한다.

"오직 의인은 믿음으로 말미암아 살리라"(롬 1:17).

이 말씀은 영생으로 이끄는 좁은 길이 어떠한지를 우리에게 알려 준다. 우리가 걸어가야 할 그 길을 벗어난 것은 모두 결코 의롭지 않다. 세상에서 가장 선한 사람이라고 할지라도 오직 믿음으로 사는 것 외에 하나님 앞에 의롭게 설 수 있는 방법이 없다. 우리는 스스로 의롭게 살 수가 없다. 만약 우리가 자신을 신뢰하거나 자신에게서 비롯되는 다른 무언가를 신뢰한다면, 우리는 하나님의 거룩한 말씀을 따라 살아가는, 하나님이 기뻐하시는 삶에 대해 전혀 모르는 사람이다.

당신 자신이나 당신의 꿈에서 비롯된 어떠한 것으로부터 자신감을 얻으려는 태도를 버리라. 당신이 걸치고 있는 율법적 의로움이라는 옷마저도 나병과 같을 뿐이다. 온갖 형태의 자아를 벗어 버리라. 자기 자신을 신뢰하는 종교는 자기를 멸망으로 이끌 뿐이다. 독생자 예수 그리스도 안에 계시된 유일하신 하나님 한 분 안에서만 안식을 누려야 한다.

의인은 오직 믿음으로 말미암아 살 것이다(롬 1:17 참고). 율법의 행위를 바라보는 사람들은 율법의 저주 아래 있는 사람들이다. 그들은 하나님 앞에서 살 수 없다. 감정이나 감각에 따라 살아가려는 사람들도 마찬가지이다. 그들은 자신들이 보는 것으로 하나님을 판단한다. 그들은 하나님께서 자신에게 무엇인가를 풍성히 공급해 주실 때는 하나님을 선한 분으로 생각하지만, 자신이 가난할 때에는 하나님을 전혀 선하게 생각하지 않는다. 그들은 자신이 보고 느끼고 맛보는 것으로 하나님을 판단하려 한다. 그들은 하나님께서 꾸준히 일하시는 목적을 볼 수 있을 때는 하나님의 지혜를 마음에 들어 한다. 그러나 하나님의 목적을 볼 수 없거나 주님께서 일하시는 방식을 이해할 수 없을 때는 곧바로 하나님이 지혜롭지 않다고 판단해 버린다. 이처럼 감각을 따라 살아가는 것은 모든 희망과 평안을 빼앗기는 어리석은 짓이다.

너무나 많은 사람들이 이렇게 말한다. "내가 내 삶의 주인이다. 내가 삶을 살아가는 방식을 결정한다. 나는 나의 모든 지혜와 방법에 따라 나 자신의 교리를 써 나갈 것이다." 이것은 영적으로 죽는 길이다. 시대정신을 따라서 살아가는 것은 하나님과 적이 되는 길이다. 하나님께서 가르쳐 주신 것을 믿어야 한다. 특히 하나님께서 죄를 속량하기 위해 보내 주신 그분을 믿어야 한다. 왜냐하면 이 믿음으로 말미암아 하나님이 모든 것이 되시며 우리 자신은 아무것도 아닌 것이 되기 때문이다. 확실한 계시 위에 기반을 두고 전지전능하신 구세주를 신뢰할 때, 우리는 쉼과 평화를 누릴 수 있다. 반면 우리가 변하기 쉬운 다른 원리들을 신뢰한다면, 우리는 영원히 예비된 캄캄한 흑암으로 돌아갈 유리하는 별들처럼 될 것이다(유 1:13 참고). 믿음으로만 영혼이 살 수 있다. 반면 다른 모든 방식으로는 우리가 살았다 하는 이름은 가졌으나 죽은 자가 될 수밖에 없다(계 3:1 참고).

환상을 근거로 살아가는 것도 마찬가지이다. 우리는 종종 꿈이나 충동, 자신이 상상하거나 본 것을 신비한 방식으로 표현하는 환상적인 종교를 가진 사람들을 만나곤 한다. 그들은 시시한 일로 떠들고 난리를 치면서 거기에 빠진 채 헤어나오지를 못한다. 나는 당신이 이런 시시한 것들로부터 벗어나게 되기를 기도한다. 왜냐하면 거기에는 영혼을 위한 양식이 없기 때문이다.

우리의 삶은 우리의 생각이나 상상이나 기대나 즐기는 좋은 감정에 달려 있지 않다. 우리의 삶은 믿음이 바라보는 하나님의 말씀에 달려 있다. 우리는 약속을 신뢰함으로써, 그분의 성품을 의존함으로써, 그분의 희생을 받아들임으로써, 의의 옷을 입음으로써, 그리고 성부, 성자, 성령 하나님께 순복함으로써 하나님 앞에서 살아야 한다. 우리는 우리의 주인 되신 예수님을 절대적으로 신뢰하면서 살아가야 한다. 다른 모든 길들은 죽음으로 가는 길일 뿐이다. 누구든지 이 말을 듣고서 너무 편협하거나 관용이 부족하다고 한다면, 그들이 원하는 대로 말하게 내버려 두라. 그들이 비난한 그 내용이 그대로 그들에게 이루어질 것이다.

이제 "오직 의인은 믿음으로 말미암아 살리라"(롬 1:17)라는 말씀을 상당 부분 설명하였다. 이 말씀은 삶의 일부분이 그의 믿음에 달려 있다거나 인생의 어떤 국면이 그의 신앙을 최고로 드러내 준다고 말하지 않는다. 이 말씀은 삶의 시작과 계속되는 과정, 성숙과 영적 생활의 완성 등 모든 것이 믿음으로 이루어진다고 말한다.

사람은 믿는 순간부터 하나님의 관점으로 살기 시작한다. 그 순간 그는 자신의 하나님을 믿고, 하나님이 자신에게 계시하신 것을 받아들이고 신뢰하며, 새로워지고, 자신의 구세주를 의지하게 된다. 그 순간 그는 영적으로 살아 있는 사람이 되고, 성령으로 말미암아 영적 삶이 약동하게 된다. 이러한 믿음이 있기 전까지 그의 모든 실존은 그저 또 다른 형태의 죽음에 불과하다. 그가 진리 되신 하나님께 나아갈 때 비로소 영생으로 들어가게 되고, 위로부터 다시 태어나게 되는 것이다.

그렇다. 그러나 이것은 전부, 아니 절반도 안 된다. 그 사람이 지속적으로 하나님 앞에서 살아간다면, 그의 삶을 계속해서 거룩하게 지켜 나간다면, 그의 계속된 믿음의 결과로 그에게 궁극적인 구원이 주어질 것이다. 구원에 이르는 믿음은 한 번의 행위나 어느 한 날에 끝나는 것이 아니다. 그것은 끊임없이 인내하는 가운데 전 생애를 걸쳐 이루어 가는 것이다. 의로운 사람은 믿음으로 살기 시작할 뿐만 아니라 계속해서 믿음으로 살아간다. 그는 영으로 시작해서 육체로 마치지 않는다. 구원은 은혜로 받았지만 삶은 율법의 행위로 살아가는 식이 아니다.

"오직 의인은 믿음으로 말미암아 살리라"(롬 1:17).

히브리서는 이렇게 말한다.

"나의 의인은 믿음으로 말미암아 살리라. 또한 뒤로 물러가면 내 마음이 그를 기뻐하지 아니하리라 하셨느니라. 우리는 뒤로 물러가 멸망할 자가 아니요 오직 영혼을 구원함에 이르는 믿음을 가진 자니라"(히 10:38,39).

믿음은 하루 종일, 모든 일에 꼭 필요하다. 숨을 쉬면서 시작된 우리의 자연적 생명이 지속되기 위해서는 반드시 계속 숨을 쉬어야 하듯이, 우리의 영혼도 믿음으로 말미암아 시작될 뿐만 아니라 이 믿음을 계속 이어가야만 한다.

...
May I Believe?

Chapter 13

나도 믿을 수 있는가

 당신은 예수님이 누구인지를 알고, 그분을 하나님의 아들이요 인간의 구세주로 믿고 있다. 당신은 분명히 하나님께서 예수 그리스도를 통해 하나님께로 나아오는 사람을 온전히 구원하실 수 있음을 알고 있다(히 7:25 참고). 당신은 예수 그리스도의 신성, 탄생과 삶, 죽음과 부활, 그리고 재림에 관한 영원한 진리들에 대해 의심하지 않는다. 다만 당신 개인과 관련된 의심이 있을 뿐이다.

 "내가 과연 이러한 구원에 참여할 수 있을까?"

 당신은 예수 그리스도를 믿는 믿음이 누구든지 구원할 수 있음을 확실히 믿는다. 그리고 이런 믿음을 가지기만 하면 당신도 구원받을 것임을 믿는다. 당신은 믿음으로 말미암아 의롭다하심을 얻는다는 교리에 대하여 전혀 의심하지 않는다(롬 5:1 참고). 당신은 이미 이 교리를 배웠고, 모든 논쟁을 뛰어넘어 사실로 받아들였다. 당신은 그리스도를 믿는 자는 누구든지 영생을 얻을 것임을 확신한다(요 3:15 참고). 그리고 그분께로 나아가는 자를 그분이 결코 내쫓지 않으실 것임을 알고 있다(요 6:37 참고). 당신은 치료법을 알고 있으며, 그 효능도 알고 있다.

그런데도 의심이 일어난다. "과연 내가 예수님께 고침 받을 수 있을까?" 믿음 뒤편에 불안한 생각들이 숨어 있다. "내가 과연 믿을 수 있을까? 내가 신뢰할 수 있을까? 나는 문이 열려 많은 사람들이 그리로 들어가는 것을 본다. 나는 거룩한 샘에서 솟아난 생명수가 가장 악한 죄까지도 씻을 수 있다는 것을 안다. 많은 사람들이 깨끗해지고 있다. 그러나 나도 씻김 받고 깨끗해질 수 있을까?"

솟아오르는 의심을 정확하게 표현하지 않아도 여러 면에서 이런 생각이 떠오르는 것을 부인할 수는 없을 것이다. 이런 의심은 당신의 모든 평안을 빼앗고, 결국 모든 소망을 가져가 버린다. 강단에서 설교가 선포될 때, 이것은 마치 어떤 사람이

산해진미(山海珍味)로 차려진 상을 보고도 이 음식을 먹을 만한 자격이 없다고 생각하는 것과 같이 작용한다. 이것은 참으로 불행한 망상이다. 그런 망상에서 벗어나지 못한다면, 치명적인 결과가 뒤따를 것이다. 마치 당신이 사람을 잡아먹는 끔찍한 괴물의 먹잇감이 된 것과 같다.

당신은 목이 마를 때 시냇가에서 맑고 깨끗한 시냇물이 찰랑거리면서 흘러 내려오는 것을 보면서도 당신에게 그것을 마실 자격이 없다고 생각하겠는가? 만약 그렇다면 당신은 이상한 사람이다. 그렇게 말하고 생각하는 것은 논리적으로 맞지 않다. 그런데도 많은 사람들이 영적으로 이런 상태에 처해 있다. 이러한 의심은 예수님께로 나아갈 수 있는 당신의 자유를 끔찍한 것으로 만들어 버린다. 이것은 성경을 읽고 설교를 듣고 기도하려는 당신의 시도를 망치고 쓸모없는 것으로 만들어 버린다. 당신의 마음속에 있는 이 한 가지 의문이 해결되기 전까지 당신은 결코 평안을 누릴 수 없을 것이다.

"내가?"

나는 그런 당신에게 항변하려 한다. 만약 당신이 신구약성경을 다 읽었다면, 당신에 관해 하나님께로 나아올 수 없고 그리스도를 믿을 수 없다고 말하는 구절을 단 하나라도 보았는가? 아마도 당신은 성경에서 그런 내용을 읽게 되지 않기를 바란다고 답변할 것이다. 혹시 하나님께서 성경에는 그렇게 기록하시지 않았더라도 다른 곳에서 그렇게 말씀하셨을지도 모른다고 생각할 수도 있다. 그러나 하나님은 이렇게 말씀하신다.

"나는 감추어진 곳과 캄캄한 땅에서 말하지 아니하였으며, 야곱 자손에게 너희가 나를 혼돈 중에서 찾으라고 이르지 아니하였노라. 나 여호와는 의를 말하고 정직한 것을 알리느니라"(사 45:19).

하나님은 당신에게 반복해서 그분의 얼굴을 찾으라고 말씀하신다. 그분은 그분의 얼굴을 찾는 것이 헛될 것이라고 결코 말씀하시지 않는다. 이런 생각을 버리라.

내가 말하려던 바로 다시 돌아가, 당신이 하나님께로 나아와 그리스도를 의지하여 당신의 영혼을 영원히 새롭게 하는 것을 하나님께서 거절하시리라고 말하는 구절은 성경 그 어디에도 없다. 오히려 성경은 다음과 같이 말한다.

"원하는 자는 값없이 생명수를 받으라"(계 22:17).

이 말씀에는 당신도 포함되지 않는가?

"누구든지 주의 이름을 부르는 자는 구원을 받으리라"(롬 10:13).

당신은 이 말씀에서 제외되는가? 아니다. 이 말씀들은 당신에게도 적용된다. 이 말씀들은 당신을 초청하고, 당신을 격려한다. 성경은 그 어느 곳에서도 당신이 주님께로 나아오고자 하는데도 주님께서 당신을 쫓아내실 것이라거나, 주님께 나아와 주님 발 앞에 엎드려 죄짐을 내려놓았는데도 주님께서 당신의 죄를 사하시지 않을 것이라고 말하지 않는다.

성경의 수많은 구절들이 당신을 환영하는 메시지를 전하고 있지 않은가? 우리의 하늘 아버지께서는 하늘문 앞에 천사들을 세워 두시고는 그 문으로 들어오는 사람들을 환영하게 하신다. 하늘문 앞에는 가난한 걸인들을 향해 짖어대는 개들이 없다. 와서 환영을 받으라.

혹시 당신이 우리 주님의 성품을 오해하여 예수님께로 나아와 그분의 옷자락을 만져도 되는지를 의심하게 된 것은 아닌가? 만약 우리 주 예수 그리스도가 수도사와 같다면, 그분은 아직 거룩함의 경지에 이르지 못한 부족한 사람들을 바라보고는 엄하게 꾸짖으며 책망하실 것이다. 또는 우리 주 예수 그리스도가 바리새인과 같다면, 그분은 모든 세리들과 죄인들을 쫓아내실 것이다. 또는 그분이 차가운 의만을 가지고 계신다면, 그분은 죄인들을 차갑게 대하실 것이다. 그러나 이렇게 우리 주님에 대해 오해하는 것은 하나님의 성품의 명예를 끔찍하게 훼손하는 것이다.

만약 예수 그리스도가 가혹하고 엄격한 분이라면, 그분은 죄인들을 있는 모습 그대로 받아 주시지 않고 엄청난 양의 요구 사항을 제시할 것이며, 자신과 같이 선하고 진실하고 탁월한 사람들만을 받아 주고 환영하실 것이다. 그러나 이것은 진리가 아니다. 오히려 진리는 이와는 정반대이다. 우리 주 예수님은 이 땅에 계실 때 "죄인의 친구이자 죄인들과 함께 마시고 먹는 자"라고 비난받으셨다. 주님에 대해 이사야 선지자가 한 말은 참으로 옳다.

"상한 갈대를 꺾지 아니하며 꺼져 가는 등불을 끄지 아니하고"(사 42:3).

어린아이들은 사람의 성품을 파악하는 데 천부적인 재능을 가지고 있다. 그들은 직관적으로 누가 친절한 사람인지를 알아본다. 그래서 어린아이들이 정이 많은 여성들을 좋아하는 것이다. 어린아이들은 이성적 추론이라는 과정 없이도 사람을 보자마자 그의 인격과 성품을 알아차린다. 그런 어린아이들이 우리의 구세주께로 나아와 그분의 무릎에 올라가 앉았다. 어린아이의 어머니들은 우리 주님께서 복 주시기를 기대하면서 아이들을 예수님께로 데리고 왔다(마 19:13; 막 10:13; 눅 18:15 참고). 그런 주님께서 어떻게 당신을 쫓아내시리라고 생각할 수 있는가?

우리 주님께서는 그분께 간청하며 눈물로 매달리는 여인들을 불쌍히 여기셨다. 나는 그분이 엄격하고 매몰찬 분이라고는 도저히 생각할 수가 없다. 당신도 이것을 분명히 느끼게 되기를 바란다. 우리 구세주의 성품으로는 단 한 순간도 당신을 그분의 임재로부터 몰아내고 내쫓으실 수 없다.

그리스도를 잘 아는 사람들은 그분께서 절대 가난하고 불쌍한 사람들을 거절하실 수 없다고 말할 것이다. 보지 못하는 사람이 시력을 회복하지 못한다면 간구할 이유가 없을 것이고, 배고픈 사람에게 먹을 것이 풍성하게 공급되지 않는다면 그분을 바라볼 이유가 없을 것이다. 그분은 우리의 허물과 연약함을 체휼하시는 분이다. 그분은 이 지구 상에 살았던 그 어떤 사람보다 온유하고 사랑이 많으며 부드러우신 분이다.

간청하건대, 거절당할지도 모른다는 두려움을 버리고, 그분께 담대히 나아올 수 있다는 사실을 자연스럽게 받아들이라. 당신이 그분의 옷자락에 손을 댄다면, 틀림없이 그분의 치유하는 능력이 당신에게 임하고 그분이 당신을 만져 주실 것이다. 이것을 당연하게 믿으라. 예수님께서는 사랑이 너무나 많아서 결코 당신을 거절하실 수 없다. 그분은 당신을 받아 주는 것을 기뻐하신다. 그분은 당신을 거절하실 수 없다. 그분께서 자신의 임재로부터 당신을 쫓아내시는 것은 그분의 본성에 어긋난다.

다시 생각해 보지 않겠는가? 구원하시는 그리스도의 충만하신 능력을 생각해 보지 않겠는가? 복을 주시는 그리스도의 능력이 얼마나 충만한지, 그분의 옷에까지 이 비밀스러운 능력이 흠뻑 배어 있다. 이 능력은 그분의 복된 인성 가운데 충만히 넘친다. 이 능력은 그분이 걸치고 계신 옷을 타고 흘러나와, 심지어 그분을 둘러싸고서 그 옷자락을 만지는 모든 유대인들에게까지 흘러갔다. 이 능력은 그분의 옷자락에까지 흘러서 혈루증으로 앓던 여자에게까지 들어갔다(눅 8:41-48 참고). 만약 그 여자가 예수님의 옷자락을 만질 때 그것이 믿음에서 비롯된 것이었다면, 그녀가 어디를 만졌느냐 하는 것은 별문제가 되지 않는다.

누군가를 돕고자 하는 사람의 의도는 그가 가지고 있는 능력에 따라 판단되곤 한다. 어떤 사람이 구제하고 베풀기를 원하지만 그의 경제적인 능력의 한계 때문에 그렇게 하지 못하는 경우가 많다. 구제하기 이전에 먼저 자신의 경제적 능력을 고려해 보아야만 한다. 만약 소유가 얼마나 많은지를 헤아릴 수도 없는 부자가 다른 사람에게 자선을 베풀고자 한다면, 그가 관대하고 인정 있는 사람이라면 마음껏 자유롭게 베풀 것이라고 기대할 수 있을 것이다.

복되신 우리 주님께서는 치유하는 능력이 너무나 풍성해서 치유의 기적을 베푸실 수밖에 없다. 게다가 우리 주님은 선하신 본성에 따라 풍성하게 흘려보내기를 즐기시고, 그분에게로 나아오는 사람들과 교제하기를 기뻐하신다.

만약 어느 도시에 물이 부족하다면, 시청에서는 일정량의 물만을 사용하도록 명령하고, 공공 기관들과 공장들의 물 사용량을 제한할 것이다. 왜냐하면 물이 매우 특별히 아껴야 할 소중한 것이 되었기 때문이다. 반면 당신이 우기에 물이 차고 넘치는 템스(Thames) 강을 본다면, 물 공급을 제한하는 지시를 비웃을 것이다. 개가 템스 강에서 물을 먹으려고 하더라도 아무도 그것을 막지 않을 것이며, 그 개는 강가로 가서 앞다리를 굽히고 물을 먹을 것이다. 심지어 그 개는 자기 뒤를 이어서 누가 물을 먹을지 전혀 개의치 않고 그 물에 뛰어들기도 할 것이다. 소를 생각해 보라. 소는 무릎 정도 오는 깊이의 물에 직접 들어가 물을 먹고 또 먹을 것이다. 이렇게 개나 소가 물을 먹을 때, 런던의 가난한 사람들이 마실 물이 부족해질 것이라고 걱정하는 사람은 아무도 없을 것이다. 이 동물들이 물을 먹지 못하도록 그 주인이 막아야 한다는 것은 말도 안 되는 소리이다. 왜냐하면 물이 너무나 풍성하며, 따라서 누구나 물을 충분히 마실 수 있기 때문이다.

당신은 이렇게 질문한다. "내가? 내가 할 수 있는가?" 이 질문에 대답하겠다. 당신에게 금지된 것은 아무것도 없다. 그리스도 안에는 당신을 격려하는 모든 것들이 있다. 그분의 자비는 너무나 풍성해서 자신의 무한한 은혜를 베풀기를 조금도 주저하시지 않는다.

더욱이 당신이 혈루증으로 앓던 여자처럼 그리스도에게로 왔고, 그분의 옷자락을 만졌다고 생각해 보라. 그렇다 하더라도 당신은 그리스도께 조금도 해를 입히지 않는다. 만약 당신이 어떤 혜택이나 유익을 얻기 위해서 그 유익을 베푸는 대상에게 손해를 입혀야만 한다면, 그는 유익 베풀기를 주저할 것이다. 그러나 당신은 우리 주 예수 그리스도에게 전혀 해가 되지 않는다. 그리스도께서는 자신에게서 어떤 능력이 나간 것을 아실 뿐 아무런 고통도 느끼시지 않았다. 오히려 그러한 일이 일어난 것을 주님이 기뻐하셨으리라고 나는 믿는다. 그것은 그분께 특별한 즐거움이었을 것이다. 그녀는 그분께로 다가가 믿음의 손길을 뻗었고, 그분은 기꺼이 치료의 은총으로 응답하셨다.

죄인이여, 당신이 당신의 모든 죄를 주님께 가져온다고 해서 우리 주님을 모욕하거나 더럽히는 것이 아니다. 당신의 죄를 제거하기 위해 주님께서 다시 죽으셔야 하는 것이 아니다. 주님께서는 당신의 그 많은 죄과들을 사하기 위해 단 한 방울의 피도 더 흘리실 필요가 없다. 당신이 있는 모습 그대로 나아오더라도, 주님께서 당신을 구원하기 위해 다시금 저 하늘을 떠나 인간의 몸을 입고 이 땅에 오셔서 또 다른 고난의 삶을 사셔야 하는 것이 아니다. 주님께서는 또 다른 가시관을 쓰실 필요도 없고, 그분의 손과 발과 옆구리에 상처를 낼 필요도 없다. 그분께서는 이미 모든 속죄 사역을 완성하셨다. "다 이루었다"(요 19:30)라고 말씀하신 우리 주님의 승리의 선언을 기억하지 못하는가?

당신의 해로운 생각이나 말들이 그분에게 해를 입힐 수 없다. 당신이 믿음의 접촉을 통해 생명을 전달받는다 하더라도 주님으로부터 무언가를 빼앗아 가는 것이 아니다. 주님께서는 충만하신 분이다. 그러므로 당신과 같은 죄인들이 모두 한꺼번에 나아와 필요한 모든 공로들을 취한다 할지라도, 여전히 충만하신 그대로 남아 계신다. 당신이 무한이라는 것을 나누거나 빼더라도 그것을 줄어들게 할 수 없는 것과 마찬가지이다. 전 인류가 무한한 예수 그리스도의 샘에서 씻음을 받는다 하더라도, 무한하신 그분은 여전히 그대로 남아 계실 것이다.

그리스도에게로 과감하게 나아갔던 사람도 있을 것이고, 주변에서 거절당하는 사람을 하나도 보지 못했기에 더욱 강하게 확신했던 사람도 있을 것이다. 내가 어린아이였을 때, 나는 복음이 너무나 놀라운 것이고 모든 사람들에게 값없이 주어진 것이지만 나에게만은 그렇지 않다고 생각한 적이 있었다. 만약 나의 형제들이나 누이들, 부모님이 구원을 받지 않았다면, 나는 복음을 그렇게 놀랍게 생각하지 않았을 것이다. 어쨌든 나는 복음을 도저히 이해할 수가 없었다. 그것이 분명 매우 특별한 것이기는 했지만, 여왕의 다이아몬드처럼 내가 도저히 접근할 수 없는 것이었다. 많은 사람늘에게 복음은 달리는 열차와 같아서 그들이 그 복음에 뛰어들 수 없는 것 같았다. 분명히 모든 사람들이 다 구원받는다 하더라도 나 만큼은 그러지 못할 것만 같았다. 그러나 머지않아 나는 그분의 자비를 구하며 울기 시작했고, 복음을 발견할 수 있었다. 내가 생각했던 어려움은 단순하고도 쉽게 해결되었다. 나는 믿었고, 이내 영혼의 안식을 발견했다. "십자가에 못 박히신 분을 바라보는 것에 생명이 있다"라는 말의 의미를 이해하고서 나는 십자가의 그분을 바라보았고, 영생을 발견하게 되었다.

이와 다른 그리스도를 목격한 사람들을 전혀 만나지 못했다. 나는 온 우주 가운데 과연 그리스도의 문에서 내쫓기거나 구세주이신 그분을 찾는 것을 금지당한 사람이 있는지 묻고 싶다. 그러므로 당신에게 간청한다. 다른 모든 사람들이 생명과 평화를 얻게 된 이 길이 바로 하나님께서 일반적인 은혜를 얻는 주요한 길로 정해 놓으신 길이다.

죄짐을 진 가엾은 죄인들이여, 여기에는 이렇게 적힌 표지판이 세워져 있지 않은가? "이 길은 죄인들을 위한 길이요, 죄책을 가진 사람들을 위한 길이요, 배고픈 사람들을 위한 길이요, 목마른 사람들을 위한 길이요, 잃어버린 사람들을 위한 길이다. 그러므로 내게로 오라. 수고하고 무거운 짐 진 자들아,

다 내게로 오라. 내가 너희를 쉬게 하리라(마 11:28 참고)."

그러므로 당신은 "내가 그럴 수 있는가?"라고 말할 필요가 전혀 없다. '내가 과연'이라고 말할 여지가 없다. 왜냐하면 무엇보다도 당신이 나아와 그리스도를 당신의 구세주로 받아들이라고 초청되었기 때문이다. 하나님의 말씀은 계속해서 당신을 초청하신다.

"성령과 신부가 말씀하시기를 오라 하시는도다. 듣는 자도 오라 할 것이요 목마른 자도 올 것이요 또 원하는 자는 값없이 생명수를 받으라 하시더라"(계 22:17).

"오호라 너희 모든 목마른 자들아 물로 나아오라. 돈 없는 자도 오라. 너희는 와서 사 먹되 돈 없이, 값없이 와서 포도주와 젖을 사라"(사 55:1).

예수 그리스도께서는 수고하고 무거운 모든 짐 진 사람들을 초청하신다. 그분은 자신에게로 나아오는 모든 사람들에게 쉼을 주실 것이다. 하나님의 초청은 진실하다. 이것을 확신하기 바란다. 만약 하나님께서 당신을 초청하신다면, 하나님께서는 또한 당신이 그 초청을 받아들이기를 원하신다. 당신을 초청하시는 하나님의 말씀을 읽는다면, 당신은 "내가 과연?"이라고 말하지 못할 것이다. 그렇게 말하는 것은 하나님의 진실하심을 의심하는 것이며, 따라서 악한 것이다.

당신은 초청될 뿐만 아니라, 잔치에 오도록 간절히 요청받고 있다. 성경의 많은 구절들은 단순한 초청 이상의 의미를 담고 있다. 하나님께서는 자신에게로 나아오라고 당신을 설득하고 탄원하신다. 탄식했던 선지자처럼 그분께서도 눈물을 흘리면서 말씀하신다.

"나의 삶을 두고 맹세하노니 나는 악인이 죽는 것을 기뻐하지 아니하고 악인이 그의 길에서 돌이켜 떠나 사는 것을 기뻐하노라. 이스라엘 족속아 돌이키고 돌이키라. 너희 악한 길에서 떠나라. 어찌 죽고자 하느냐"(겔 33:11).

우리의 주인 되신 주님께서는 잔치를 여실 뿐만 아니라 자신의 종들을 보내 초청받은 사람들이 올 수밖에 없도록 하신다. 주님께서는 단순히 초청하는 것으로 그치지 않고, 신적인 강제력으로 그들을 오게끔 하신다.

나는 아직도 예수 그리스도를 믿지 않는 사람들을 그렇게 설득하고 탄원하고 권고해서 주님께로 나아오도록 이끌고 싶다. 나는 당신이 주님을 추구하기를 예수 그리스도의 이름으로 간곡히 부탁한다. 나는 당신에게 그저 "믿겠습니까? 믿지 않겠습니까?"라고 말하지 않겠다. 나의 온 마음을 다 담아 당신에게 요청한다. 예수님께로 오라. 와서 죄책에서 자유롭게 되고, 영혼의 평화를 얻으라. 당신은 복음의 메시지를 듣지 않았는가? "구하라. 그리하면 너희에게 주실 것이요"(마 7:7)라는 우리 주님의 말씀을 알지 못하는가?

만약 당신이 오직 하나님의 아들만을 신뢰한다면, 바로 그 순간에 당신은 불이 켜지는 것처럼 빠른 속도로 결코 죽지 않을 생명을 얻게 될 것이다. 당신이 누구이고 무슨 일을 했든 간에, 만약 당신이 마음으로부터 죽음에서 다시 살아나신 그분을 믿고, 그분을 구주와 주님으로 모시고 순종한다면, 당신의 모든 죄와 허물을 용서받게 될 것이다. 하나님께서 당신의 모든 허물을 빽빽한 구름같이 완전히 지우실 것이다(사 44:22 참고). 그분께서 완전히 새롭게 만들고 새롭게 시작하게 하실 것이다. 그분께서 당신을 예수 그리스도 안에 있는 새로운 피조물로 만드실 것이다. 이전 것이 지나가고 모든 것이 새롭게 될 것이다(고후 5:17 참고).

그러나 여기에는 한 가지 조건이 있다. 바로 예수님을 믿는 것이다. 당신은 내 얼굴을 쳐다보면서 이렇게 울부짖을 것이다. "그런데 제가요?" 그렇다. 당신이 권고받고 초청받고 설득당하지 않았는가? 뿐만 아니라 심지어 당신은 그렇게 하도록 명령받고 있다. 하나님은 자신이 보낸 아들을 믿으라고 당신에게 명령하신다. 이것이 복음이다.

"믿고 세례를 받는 사람은 구원을 얻을 것이요 믿지 않는 사람은 정죄를 받으리라"(막 16:16).

여기에는 불순종에 대한 형벌과 정죄도 포함되어 있다. 누군가가 "제가요?"라고 말한다면 어떻게 되겠는가? "네 마음을 다하여 주 너의 하나님을 사랑하라"(마 22:37 참고)라는 말씀을 읽고서 "제가 하나님을 사랑해도 될까요?"라고 말해도 되겠는가? "네 부모를 공경하라"(출 20:12)라는 말씀을 읽고서 "제가 부모를 공경해도 될까요?"라고 말해도 되겠는가? 안 된다. 왜냐하면 명령은 허가 이상의 의미를 담고 있기 때문이다. 명령은 확실한 허락보다 한 걸음 더 나아간다. 여기에는 당신이 주님을 믿지 않는다면 저주를 받게 되리라는 의미가 포함되어 있다. 여기에는 당신에게 믿을 수 있는 권리가 주어졌다는 의미가 포함되어 있다. 이것은 허가일 뿐만 아니라 가장 실제적인 보증이다.

이것을 이해하지 못하겠는가? 하나님께 "주님, 주님께서 저에게 온전한 복음을 믿을 수 있는 자유를 주셨을 뿐만 아니라 제가 믿지 않으면 저주하신다고 말씀하셨으니 제가 주님께 나아가 주님을 전적으로 의지하겠습니다"라고 부르짖지 않겠는가?

"제가요?"라는 질문은 이제 그만하라. 아직도 포기하지 못했는가? 성령 하나님께서 당신에게 보여 주시기를 바란다! 가엾은 죄인이여, 바로 지금 당신의 죄짐을 예수님의 발 앞에 내려놓기를 바란다! 그리고 구원을 얻기를 바란다! 당신은 믿을 수 있다. 당신의 죄를 고백하고 즉각 죄를 용서받을 수 있다는 확실한 보증이 당신에게 주어져 있다. 그것을 확인해 보라. 당신의 죄짐을 그분께 맡기라. 용서받고 새롭게 되라. 이제부터 하나님의 경이로운 사랑에 감사하는 마음으로 열렬하게 살아가라.

...
A Needless Question Answered

Chapter 14

의심하지 말고 온전히 믿으라

"만약 저에게 주님의 옷자락이라도 만지는 것이 허락된다면, 저의 모든 것을 드리겠습니다." 이렇게 말하면서도 또 다른 비참한 질문이 떠오른다. "그런데 제가 그렇게 할 수 있을까요? 제가 할 수만 있다면 그렇게 할 것입니다. 그러나 저는 그렇게 할 수가 없습니다." 바로 이 질문에 대해 대답하겠다.

그리스도를 믿고자 하는 의지는 믿음과 마찬가지로 은혜의 역사이다. 의지와 강렬한 열망이 있는 사람에게는 은혜의 수단이 이미 주어져 있으며, 믿고자 하는 힘도 주어져 있다. 당신은 간음하려는 의지만으로도 이미 간음한 것이라는 성경 말씀을 알지 않는가? 주님은 "음욕을 품고 여자를 보는 자마다 마음에 이미 간음하였느니라"(마 5:28)라고 말씀하신다. 불결한 생각과 의도 자체가 불결함으로 간주된다면, 마찬가지로 믿고자 하는 의지나 열망 역시 그 자체로 이미 그 안에 중요한 믿음의 요소를 포함하고 있다고 말할 수 있을 것이다. 그렇다고 믿고자 하는 의지나 뜻만 있으면 된다는 말이 아니다. 내가 말하고자 하는 바는, 만약 하나님의 능력으로 말미암아 한 사람이 믿고자 하는 뜻을 가지게 되었다면 그 사람에게 이미 엄청난 일이 이루어진 것이요 실제로 믿는 일 역시 곧 일어나리라는 것이다.

전적으로 믿고자 하는 의지가 믿음의 9할을 차지한다. 당신에게 뜻이 있는 한, 당신이 아직 발견하지 못한 능력도 곧 나타날 것이다. 죽은 사람에게 가장 어려운 일은 바로 그 사람이 살아나는 것이다. 그러나 우리에게 믿고자 하는 의지가 있다면 이미 믿음의 태동이 시작된 것이다. 그 사람의 의지가 살아 있다. 그는 믿으려고 하며 믿기를 바라고 열망한다. 그렇다면 그에게는 이미 엄청난 일이 일어난 것이다! 죽음에서 다시 살아나는 것은 인생이 활동하게 되는 것보다 훨씬 더 위대한 일이기 때문이다.

그리스도를 믿는 일은 누구든지 할 수 있는 가장 단순한 일이다. 그것은 어린아이의 행위이며, 은혜로 태어난 갓난아이의 행동이다. 새로 태어난 아이는 결코 복잡한 행동을 할 수가 없다. 우리는 "그것은 아기 같은 짓이다!"라고 말한다. 즉, 그 행동이 너무나 단순하다는 것이다. 그런데 믿음은 사람이 하나님의 가족으로 태어나는 순간에 발생한다. 믿음은 새 생명의 탄생과 함께 생긴다. 거듭남의 가장 첫 번째 표지가 믿음이다. 그러므로 이 믿음도 틀림없이 매우 단순한 것이다.

나는 감히 그리스도를 믿는 믿음이 다른 누군가를 믿는 믿음과 여러 가지 면에서 크게 다르지 않다고 말하겠다. 믿음의 대상은 다르지만, 믿음의 방식이라는 측면에서 본다면 비슷하다. 당신은 당신의 어머니를 믿을 것이다. 그와 똑같은 방식으로 당신은 하나님의 아들이신 예수 그리스도를 믿을 수 있다. 당신은 당신의 친구들을 믿을 것이다. 그와 동일한 방식으로 당신은 그 누구보다 더 높고 나은 친구를 대할 수 있다. 당신은 일반적으로 아침마다 배달되는 신문에 실린 기사와 소식들을 사실로 믿을 것이다. 하나님의 말씀과 약속을 믿는 믿음도 이와 같다.

한편 주 예수 그리스도를 믿는다는 것은 다른 누군가를 믿는 것보다 훨씬 우월한 행위이다. 왜냐하면 당신이 믿는 그분이 우월한 분이기 때문이다. 그리고 당신이 믿는 소식이 우월한 소식이기 때문이다. 당신의 자연스러운 본성으로 예수님을 믿는다는 것은 그 어떤 것을 믿는 일보다도 더 어려운 일이다. 물론 그리스도를 향한 믿음은 어린아이의 몸짓과 같이 매우 단순한 것이지만, 동시에 성령 하나님께서 당신의 믿음이 예수 그리스도에 관한 높은 것을 이해하도록 가르쳐 주셔야만 한다. 이런 점에서 볼 때 믿음은 하나님의 선물이다. 하나님께서 당신에게 이해력과 하나님의 아들을 믿을 수 있는 판단력을 주시고, 그분을 받아들이게 하신다.

아버지를 향한 아이의 믿음은 언제나 놀라운 믿음이다. 우리는 바로 그런 믿음을 주님께 구해야 한다. 많은 아이들은 자신의 아버지가 가장 크고 선하고 바르고 친절하고 부유하다고 믿는다. 그리고 만약 누군가가 그 아이의 아버지가 그렇게 대단한 사람이 아니라고 말한다면, 그 아이는 매우 슬퍼할 것이다. 사람들이 그 아이의 아버지가 왕이 아니라고 말한다면, 그 아이는 그렇게 말하는 사람이 실수했다고 믿을 것이다. 어린 아이들은 부모에 대해 이렇게 생각한다. 그런데 우리 역시 우리 주 예수 그리스도에 대해 그런 마음을 가져야 한다. 아니, 그분은 그 이상의 믿음을 받기에 마땅하신 분이다. 우리는 그분을 크고도 놀라운 분으로 여기면서 믿음을 드리고, 그분을 영화롭게 해야 한다.

어린아이들은 내일 아침에 먹을 빵과 버터를 어디서 구해야 할지를 결코 고민하지 않으며, 지금 신고 있는 양말이 떨어지면 어떻게 새 양말을 구해야 할지를 걱정하면서 초조해하지 않는다. 이와 같이 당신도 지금 이 땅에서와 하늘에서 필요한 모든 것에 관하여 의심하지 않고 예수 그리스도를 신뢰해야 한다. 주님께서는 여러분에게 필요한 모든 것을 능히 주실 수 있고, 주실 것이다. 어린아이가 부모의 보살핌에 자기 자신을 전적으로 맡기고 편안해하듯이, 당신 자신을 그분께 전적으로 맡기라. 오, 얼마나 간단한가? 이것이 바로 믿음이다!

나는 이것이 매우 단순한 행동이며, 지혜 있는 사람들은 할 수 없는 행동이라고 믿는다. 지혜로운 사람은 이렇게 행동할 수 없다. 힘 있는 사람은 이렇게 행동할 수 없다. 자기 안에 자신을 구원할 의로움이 있다고 믿는 사람은 결코 여기에 도달할 수 없다. 세상이 어리석게 여기며 비웃고 조롱하는 어린아이와 같은 마음을 가진 사람들만이 이런 믿음을 가질 수 있다.

"육체를 따라 지혜로운 자가 많지 아니하며 능한 자가 많지 아니하며 문벌 좋은 자가 많지 아니하도다. 그러나 하나님께서 세상의 미련한 것들을 택하사 지혜 있는 자들을 부끄럽게 하려 하시고 세상의 약한 것들을 택하사 강한 것들을 부끄럽게 하려 하시며"(고전 1:26,27).

교육을 많이 받지는 않았지만 성경을 진리로 믿으며 풍성한 믿음을 가진 사람들이 있다. 그들은 이 세상이 보기에는 가난하고 형편없을지 모르지만 믿음에 관해서는 강하고 부요한 사람들이다. 이 얼마나 복된 사람들인가!

이 얼마나 안타까운 일인가! 지혜 있는 사람들은 그들의 지혜가 예수님을 믿지 못하도록 막는다. 그들은 하나 또는 여러 곳의 대학을 다녔고 세속적인 지식에 관한 학위를 몇 개씩이나 가지고 있지만, 하나님의 아들이신 예수 그리스도를 믿지 않는다.

오, 친구여! 믿음을 어렵거나 헷갈리는 것으로 생각하지 말라. 그렇다면 대학을 수석으로 졸업하거나 신학 박사 학위를 가진 사람들만이 믿음을 가질 수 있을 것이다. 그러나 믿음은 우리의 지성이 행사할 수 있는 가장 단순한 것이다.

"선을 많이 행해야 하지 않나요?" 어떤 사람은 이렇게 말한다. 물론 당신이 구원받게 되면 당신은 원하는 만큼 선을 행하게 될 것이다. 그러나 구원의 문제에 관하여서는 자기 의는 당신의 구원을 망치고 해치는 것이므로 최대한 벗어 버려야 한다. 단순히 그리스도에게로 나아오라. 오직 그리스도만을 믿으라.

또 다른 사람은 이렇게 말한다. "저는 아직 작은 불빛밖에 보지 못했습니다. 저에게 예수 그리스도를 충분히 신뢰할 수 있는 힘이 주어진다면, 그때는 제 자신을 다 드리겠습니다." 나는 이런 사람에게 이렇게 질문하고 싶다. 당신은 그리스도를 믿을 수밖에 없도록 구속된 존재라는 사실을 모르는가? 그리스도 때문에 당신은 믿어야만 하는 존재가 되었다.

확신하건대, 많은 사람들이 결코 나타나지 않을 기적이나 분명한 표지들을 기대하고 있을 것이다. 왜 믿음의 능력을 조금 더 행사하지 않는가? 성령 하나님께서 이미 당신에게 상당한 분량의 믿음을 주셨다. 좀 더 충분히, 무조건적으로 믿으라. 왜 당신은 그리스도를 의심하면서 흔들리고 있는가? 당신은 그리스도를 믿지 않는 것이 얼마나 잘못되고 불의한 일인지를 이미 깨닫지 않았는가? 그분에 대한 믿음이 있는 사람에게는 이미 믿음의 싹이 돋아난 것이다.

"하나님을 믿지 아니하는 자는 하나님을 거짓말하는 자로 만드나니"(요일 5:10).

그리스도를 거짓말쟁이로 만들려고 하는가? 믿음을 표면으로 드러내 이렇게 말하지 않겠는가? "저는 믿습니다. 저는 지존자의 아들이신 그리스도를, 사람들의 죄를 속량하기 위해 죽으신 그분을, 모든 믿는 사람들을 능히 구원하실 수 있는 그분을 믿습니다. 저는 그분이 저를 구원해 주실 것을 믿습니다. 물에 빠질 것입니까, 건짐을 받을 것입니까? 저는 그분을 믿습니다. 잃어버린 자가 되겠습니까, 구원받겠습니까? 저는 그분을 믿습니다. 저는 그분이 능히, 그리고 기꺼이 구원하실 것을 확신합니다. 그러므로 저는 있는 모습 그대로 그분 앞에 나아옵니다. 그러고는 다른 것을 구하지 않고, 오직 한 가지, 영혼의 모든 죄짐을 주님께 맡기기만을 구합니다."

당신이 그분께서 믿을 만한 분이시라는 것을 확신한 그 순간, 이미 당신에게는 예수 그리스도를 믿을 수 있는 힘이 주어졌다. 성령 하나님께서 이미 당신을 위해 행하신 일들을 실제적으로 믿고 결론에 이르라. 그리하면 당신은 즉시 평화를 발견하게 될 것이다.

만약 당신이 아직도 그리스도를 믿지 못하도록 방해하는 무엇인가가 있다고 생각하면서 그 문제가 해결되기만 하면 구원받으리라고 생각한다면, 나는 당신에게 완전하고도 확실하게 그리스도를 믿는 믿음을 가지게 될 때까지 결코 만족하지 말라고 간곡히 부탁하고 싶다. 만약 당신이 불신자로 죽는다면, 당신은 지옥에 떨어져 영원한 형벌에 처해질 것이다. 당신의 유일한 안전은 온 마음을 다해 오직 우리 주 예수 그리스도를 믿고 그분의 말씀에 순종하는 데 있다.

옮긴이 **김상래 목사**는 한동대학교 국제어문학부와 총신대학교 신학대학원을 졸업(M. Div.)하고, 용인 새하늘교회에서 교육 목사로 섬기고 있다. 대학 졸업 후 영국에 체류하면서 피터 마스터스(Peter Masters) 목사가 시무하는 메트로폴리탄 테버나클(Metropolitan Tabernacle) 교회에 출석하면서 청교도에 관심을 가지게 되었다. 개혁주의 신학을 더 연마하기 위하여 신학 유학을 준비하고 있다. 루이스 프람스마(Louis Praamsma)의 아브라함 카이퍼(Abraham Kuyper) 전기 『그리스도가 왕이 되게 하라』(복있는사람)를 공역한 바 있다.

잉글랜드 P&R 시리즈 32
구도자에게 전하는 글

지은이 | 찰스 스펄전
옮긴이 | 김상래

펴낸곳 | 지평서원
펴낸이 | 박명규

편 집 | 정 은, 이윤경, 김정은
마케팅 | 전두표

펴낸날 | 2012년 12월 27일 초판

서울 강남구 역삼동 684-26 지평빌딩 135-916
☎ 538-9640,1 Fax. 538-9642
등 록 | 1978. 3. 22. 제 1-129

값 8,500원
ISBN 978-89-6497-030-0-94230
ISBN 978-89-86681-78-9(세트)

메일주소 jipyung@jpbook.kr   트 위 터 @_jipyung
홈페이지 www.jpbook.kr   페이스북 www.facebook.com/jipyung